"互联网+"新形态一体化教材

Excel 在财务会计中的应用
（第 2 版）

主　编　尚艳钦
副主编　李　茸　王彦华　刘建文
参　编　张　艳　刘伟丽　李　萍
　　　　甄莉茹

北京理工大学出版社
BEIJING INSTITUTE OF TECHNOLOGY PRESS

版权专有 侵权必究

图书在版编目（CIP）数据

Excel 在财务会计中的应用 / 尚艳钦主编 . -- 2 版

. -- 北京：北京理工大学出版社, 2022.8

ISBN 978-7-5763-1617-9

Ⅰ. ①E… Ⅱ. ①尚… Ⅲ. ①表处理软件—应用—财务会计 Ⅳ. ① F234.4-39

中国版本图书馆 CIP 数据核字 (2022) 第 151665 号

出版发行 / 北京理工大学出版社有限责任公司

社　　址 / 北京市海淀区中关村南大街 5 号

邮　　编 /100081

电　　话 /（010）68914775（总编室）

　　　　　（010）82562903（教材售后服务热线）

　　　　　（010）68944723（其他图书服务热线）

网　　址 / http：//www.bitpress.com.cn

经　　销 / 全国各地新华书店

印　　刷 / 定州市新华印刷有限公司

开　　本 / 889 毫米 ×1194 毫米

印　　张 / 16　　　　　　　　　　　　　　　　责任编辑 / 王玲玲

字　　数 / 323 千字　　　　　　　　　　　　　　文案编辑 / 王玲玲

版　　次 / 2022 年 8 月第 2 版　2022 年 8 月第 1 次印刷　责任校对 / 刘亚男

定　　价 / 47.00 元　　　　　　　　　　　　　　责任印制 / 边心超

图书出现印装质量问题，请拨打售后服务热线，本社负责调换

随着知识经济时代的蓬勃发展,信息瞬息万变,谁能够迅速地获取更多有价值的信息并做出及时、正确的反应,谁就能在竞争中抢得主动权。而传统的手工式的数据信息的管理和处理方式早已不能适应当今社会的需要。许多企业开始推行会计工作电算化,利用电算化软件系统的实施来解决企业的财务管理工作。但是会计电算化软件存在着一些局限性,例如许多中小企业没有足够的资金去购买电算化软件,再如会计电算化软件不能完全满足企业的需要等。而Excel作为电子表格软件,其通用性强,操作简单,但具有强大的数据处理功能,它独具特色的数据分析系统、财务函数分析系统、图表分析系统为企业的财务管理工作提供了最直观、最便捷的工具,可以高效、准确地帮助财务管理人员进行预测和决策。

Excel看似简单,但要在短期内熟练运用,必然要掌握一些关键技巧,这其中是有规律可循的。本书的编写将注重读者对关键技巧的彻底理解,把读者孜孜以求的功能通俗易懂地讲授出来,把读者望而生畏的功能深入浅出地总结出来,把读者容易忽略却十分有用的功能系统、完整地展现出来,力求使读者的Excel水平有实质性的突破,财务工作效率显著提高。

>>> 本书内容

本书分为七大项目,包括Excel 2019的基本操作、财务单据的制作和美化、财务数据查询和凭证打印、Excel的公式和函数、管理员工薪酬福利数据、管理企业固定资产、财务报表制作和数据分析,各部分的具体内容如下。

1.Excel 2019的基本操作

该部分内容是本书的项目01,具体内容包括:Excel 2019的启动与退出、工作界面的介绍和定义、工作簿和工作表的基本操作、安全设置、窗口模式设置和常用的数据管理工具介绍等。本项目的学习和实践将为后面项目的学习奠定基础。

2.财务单据的制作和美化

该部分内容是本书的项目02,具体内容包括:制作财务单据的结构、输入数据、调整财务单据格式、自定义格式美化财务单据以及套用样式美化日常费用表格。通过本项目的学习,读者可以利用Excel 2019进行各种财务单据的制作和美化。

3.财务数据查询和凭证打印

该部分内容是本书的项目03,具体内容包括:财务数据的排序、筛选以及设置财务凭证单据打印样式。通过本项目的学习,读者可以对财务数据进行有效管理,对财务单据进行打印。

4.Excel的公式和函数

该部分内容是本书的项目04,具体内容包括:Excel公式和函数的基本概念、单元格的引用、函数的输入、公式的编辑技能及常用函数简介等。通过本项目的学习,读者可以灵活运用Excel函数及公式解决财务工作中的许多问题,简便财务运算程序,便于从各种财务数据中提取各种财务信息等。

5.Excel财务应用

该部分内容是本书的项目05和项目06,具体内容包括:员工薪酬福利数据的管理和企业固定资产的管理。通过本部分的学习,读者可以利用Excel的数据有效性功能、函数和分类汇总功能等对财务数据进行计算、管理和分析。

6.财务报表制作和数据分析

该部分内容是本书的项目07,具体内容包括:在报表中添加企业LOGO和页码、数据引用、利用图表和数据透视表进行报表数据分析。通过本项目的学习,读者可以制作出精美的财务报表,并且利用图表和数据透视表对财务数据进行深度分析。

本书特色

1.针对性强

本书编写紧紧围绕财务工作内容展开,以Excel在财务工作中的运用为主线,对Excel的功能和操作进行讲解。

2.图文结合

每个操作任务都附有逻辑严密的操作步骤,并且配有相应的截图。即使读者没有相应的软件操作经验和技能,也能很容易上手,迅速掌握使用技巧。

3.实训性强

本书将Excel在财务中的常见应用都通过一个个任务进行细分,进行讲解,并且各个项目还有配套实训练习。

4.活学活用

本书不仅仅讲授Excel技巧，更告诉读者碰到实际问题如何选择最有效、最简单的方法。

 读者对象

本书内容丰富、深入浅出、图文并茂，适用于将Excel运用在财务工作中的各类人员。本书可以作为各类大中专院校的教材使用，也可以作为社会培训学员和家庭用户等广大Excel爱好者使用。

 团队分工

本书分为七大项目，由尚艳钦担任主编；由李苒、王彦华、刘建文担任副主编；张艳、刘伟丽、李萍、甄莉茹老师参编。本书全部内容的定稿由尚艳钦完成，项目01和项目04由刘建文改编整理，项目02和项目06由李苒改编整理，项目03由尚艳钦改编整理，项目05和项目07由王彦华改编整理。张艳、刘伟丽、李萍、甄莉茹老师参与部分内容的改编和整理工作。

由于编者经验有限，加之编写时间仓促，书中难免存在疏漏和不足之处，欢迎专家和读者批评赐教。

目录 CONTENTS

项目 01　Excel 2019 的基本操作 ················· 1
　学习任务 1.1　Excel 2019 的启动与退出 ················· 2
　学习任务 1.2　Excel 2019 的工作界面 ················· 4
　学习任务 1.3　自定义 Excel 2019 的工作界面 ················· 5
　学习任务 1.4　工作簿的基本操作 ················· 10
　学习任务 1.5　工作表的基本操作 ················· 14
　综合实训 1.6　制作员工薪酬管理表 ················· 23

项目 02　财务单据的制作和美化 ················· 24
　学习任务 2.1　制作借款单表格结构 ················· 25
　学习任务 2.2　财务数据的输入与编辑 ················· 29
　学习任务 2.3　在部门费用统计表中查找和替换数据 ················· 47
　学习任务 2.4　调整工作表的格式 ················· 53
　学习任务 2.5　自定义格式美化表格 ················· 60
　学习任务 2.6　套用样式美化表格 ················· 68
　学习任务 2.7　使用条件格式突出表格数据 ················· 72
　综合实训 2.8　财务单据的制作和美化 ················· 75

项目 03　财务数据查询和凭证打印 ················· 77
　学习任务 3.1　让财务数据井然有序 ················· 78
　学习任务 3.2　显示指定范围的财务数据 ················· 86
　学习任务 3.3　设置财务凭证单据打印样式 ················· 93
　学习任务 3.4　数据的检索查找函数 ················· 103
　学习任务 3.5　数据的统计函数 ················· 110
　学习任务 3.6　数据的排序函数 ················· 113

目 录

项目 04　Excel 的公式和函数 ·· 116

- 学习任务 4.1　认识公式 ·· 117
- 学习任务 4.2　公式中的运算符和常量 ·· 120
- 学习任务 4.3　认识单元格引用 ·· 124
- 学习任务 4.4　对其他工作表和工作簿的引用 ································ 128
- 学习任务 4.5　表格与结构化引用 ·· 131
- 学习任务 4.6　Excel 函数 ·· 134
- 学习任务 4.7　函数输入和编辑 ·· 136
- 学习任务 4.8　函数与公式的限制 ·· 140
- 学习任务 4.9　函数介绍 ·· 142

项目 05　管理员工薪酬福利数据 ·· 159

- 学习任务 5.1　数据的分列 ·· 160
- 学习任务 5.2　利用函数计算员工工资 ·· 164
- 实战问答 5.3　如何分步求值 ··· 177
- 综合练习 5.4　思考与联系 ·· 179

项目 06　管理企业固定资产 ·· 180

- 学习任务 6.1　查看公司设备数据 ·· 181
- 学习任务 6.2　计算机器设备折旧值 ··· 188
- 学习任务 6.3　三种折旧函数 ··· 192

项目 07　财务报表制作和数据分析 ··· 206

- 学习任务 7.1　在报表中添加企业 LOGO 和页码 ···························· 207
- 学习任务 7.2　数据引用 ·· 212
- 学习任务 7.3　利用图表进行报表数据分析 ··································· 216
- 学习任务 7.4　利用数据透视表进行报表数据分析 ··························· 225

参考文献 ··· 245

项目 01
Excel 2019 的基本操作

项目描述

Microsoft Office Excel是进行数据处理、计算、管理和分析的一款专业软件，是日常办公必不可少的工具软件。在Excel 2019中能够创建出各式各样的财务表格，并能够对这些财务数据进行分析和管理。但在实现这些"愿望"之前，首先需要熟悉Excel 2019的基本操作，包括工作簿、工作表、视图模式等方面的一些基本操作。只有熟练掌握这些操作，才能为以后财务报表的创建和分析打下坚实的基础。

通过项目的简介，让你轻松地进入Excel[①]的世界。

学习目标

- 启动与退出 Excel 2019
- 熟悉 Excel 2019 工作界面
- 掌握工作簿的基本操作
- 掌握工作表的基本操作

技能目标

- 启动与退出 Excel 2019
- 自定义工作界面
- 新建、保存工作簿
- 新建、移动、复制工作表

---

① 书中提到的Excel都指Excel 2019。

学习任务 1.1　Excel 2019 的启动与退出

启动与退出是使用软件最基本的操作，其中，启动是使用软件之前必须进行的操作，退出则是软件使用完后必要的操作。

案例 1.1.1　启动软件

启动 Excel 2019 的方法有很多，如双击桌面快捷方式启动、通过"开始"菜单启动、通过启动 Excel 相关文件启动、通过固定到"开始"屏幕的应用程序启动等。

下面介绍常用的几种启动 Excel 2019 的方法。

● 【方法一】双击桌面快捷方式启动

若在安装 Office 办公软件时，在计算机的桌面上添加了 Excel 2019 的快捷方式图标，则直接双击图标，即可将其启动，如图 1-1 所示。

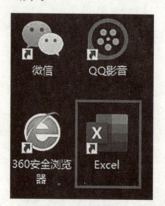

图 1-1　双击桌面快捷方式启动

● 【方法二】通过"开始"菜单启动

单击"开始"按钮，选择"所有应用 Excel 2019"命令，启动 Excel 2019，如图 1-2 所示。

图 1-2　通过"开始"菜单启动

● 【方法三】通过启动 Excel 相关文件启动

在电脑中找到曾经保存过的Excel 2019文件，右击文件，在弹出的快捷菜单上选择"打开"命令或直接双击该文件图标，即可启动Excel 2019，如图1-3所示。

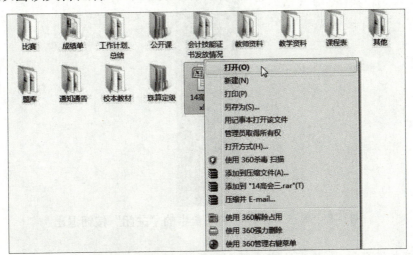

图1-3　通过启动Excel相关文件启动

● 【方法四】通过固定到"开始"屏幕的应用程序启动

若Excel 2019的"开始"屏幕已固定了Excel的应用程序，可直接单击该按钮，如图1-4所示。

图1-4　通过固定到"开始"屏幕的应用程序启动

案例1.1.2　退出软件

退出Excel 2019软件常用的方法主要有4种，分别是：单击窗口的"关闭"按钮退出、单击"文件"选项卡中的"关闭"按钮退出、双击程序图标退出和按快捷键退出。

下面分别介绍这几种常用的退出Excel 2019应用程序的方法。

● 【方法一】单击文件窗口"关闭"按钮退出

单击Excel 2019应用程序窗口右上角的"关闭"按钮即可退出程序。

● 【方法二】单击"文件"选项卡中的"关闭"按钮退出

单击"文件"选项卡，在弹出的菜单中，单击"关闭"按钮即可，如图1-5所示。

图1-5 单击"文件"选项卡中的"关闭"按钮退出

● 【方法三】双击标题栏最左边的空白区域

在Excel 2019工作界面的左上角,双击Excel快捷按钮左边的空白区域。

● 【方法四】按快捷键退出程序

在软件激活的状态下按Alt+F4组合键,系统会自动弹出提示对话框,单击"是"或"否"按钮保存或不保存文件,即可快速退出程序。

学习任务 1.2　Excel 2019 的工作界面

启动Excel 2019程序后,即可打开其工作界面,也就是其操作界面,如图1-6所示。

用户只有熟悉了Excel 2019操作界面后,才能在后面的学习中更快地掌握各部分的操作方法。主要包括快速访问工具栏、标题栏、功能区、工作表编辑区、状态栏和视图栏等。

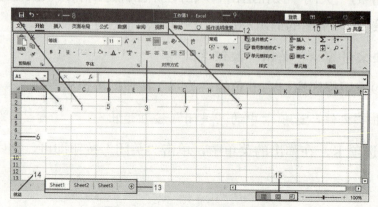

图1-6　Excel 2019工作界面

按图1-6所示的编号，对Excel 2019工作界面各项目进行简单介绍，见表1-1。

表1-1　Excel 2019工作界面各项目简介

编号	名称	功能
1	标题栏左边空白区域	单击该区域，在打开的菜单中，用户可以对工作簿执行还原、移动、大小、最小化、最大化、关闭等操作命令
2	标签	单击相应标签，即可打开相应的选项卡，Excel 2019在不同的选项卡下为用户提供了多种不同的操作设置选项
3	功能区	当用户单击功能区上方的标签时，即可打开相应的功能区选项卡，如图1-6所示，即打开了"开始"选项卡，在该区域中用户可以对字体、段落等内容进行设置
4	名称框	显示当前所在单元格或单元格区域的名称或引用
5	编辑栏	可直接在此向当前单元格输入数据，在单元格中输入的数据同时也会在此显示
6	行号	显示单元格所在行号
7	列标	显示单元格所在列号
8	"快速访问"栏	在该工具栏中集成了多个常用的按钮,默认状态下包括"保存""撤销""恢复"按钮。用户也可以根据需要对其进行添加和删除
9	标题栏	用于显示工作簿的标题和类型
10	窗口操作按钮	用于设置窗口的最大化、最小化
11	"关闭"按钮	用于关闭Excel当前工作簿文件
12	"帮助"选项卡	单击可打开相应的Excel帮助文件
13	工作表标签	默认情况下，一个工作簿中含有三个工作表，单击相应表标签，即可切换到相应工作表下
14	状态栏	显示当前的状态信息，如页数、字数及输入法等信息
15	视图按钮	单击需要显示的视图类型按钮，即可切换到相应的视图方式下，对工作表进行查看

学习任务 1.3　自定义 Excel 2019 的工作界面

Excel 2019软件的工作界面大体结构虽然不能改变，不过用户可以根据自身的使用习惯来自定义快速访问工具栏和功能区。

案例 1.3.1 自定义快速访问工具栏

快速访问工具栏中默认的只有"保存""撤销"和"恢复"3个按钮，用户可将自身常用的按钮或命令放置到其中。

下面讲解自定义快速访问工具栏的方法。其具体操作方法如下：

◎【操作步骤】

1. 执行"其他命令"命令。

单击快速访问工具栏右侧的下拉按钮，选择"其他命令"项，如图1-7所示，弹出图1-8所示对话框。

图1-7 自定义快速访问工具栏按钮

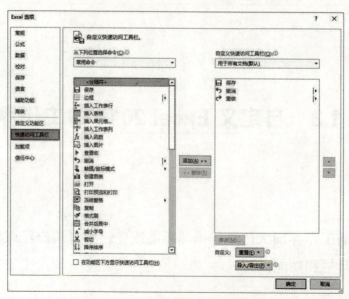

图1-8 "Excel选项"对话框

2. 在"Excel选项"对话框的列表框中选择"设置打印区域"选项，单击"添加"按钮，如图1-9所示，单击"确定"按钮完成添加操作。

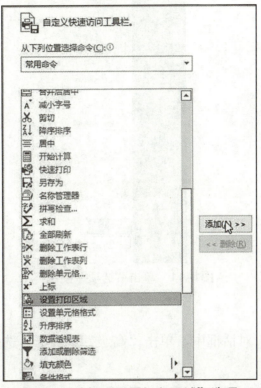

图1-9 选择"设置打印区域"选项

在快速访问工具栏中需要删除的命令按钮上右击，选择"从快速访问工具栏删除"命令，可以将其删除，如图1-10所示。

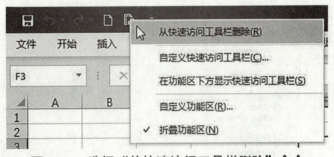

图1-10 选择"从快速访问工具栏删除"命令

案例 1.3.2 自定义视图样式

Excel默认的视图模式有普通、分页预览和页面布局3种。用户也可以根据自身喜好来自定义视图模式。

下面通过设置显示分页符和网格线颜色来讲解自定义视图模式的方法。

◎【操作步骤】

1. 单击"选项"按钮。

单击"文件"选项卡，单击"更多…"选项，在弹出的菜单中，单击"选项"按钮，如

图1-11所示。

图1-11 单击"选项"按钮

2. 设置显示分页符。

在打开的"Excel选项"对话框中，单击"高级"选项卡，选中"显示分页符"复选框，如图1-12所示。

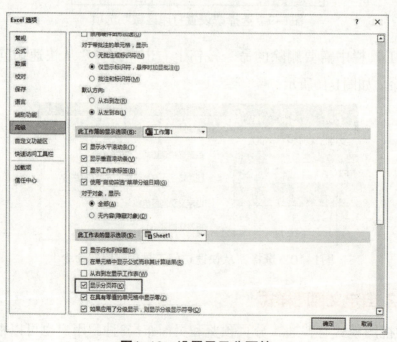

图1-12 设置显示分页符

3. 设置网格线颜色。

单击"网格线颜色"右侧的按钮，在弹出的拾色器中选择颜色选项，最后单击"确定"按钮确认设置，如图1-13所示。

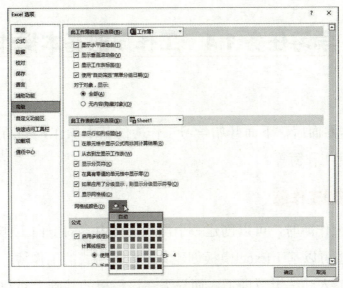

图1-13　设置网格线颜色

4.查看效果。

返回到工作表中，即可查看设置的视图样式的效果，如图1-14所示。

图1-14　查看效果

● 【温馨提示】切换视图模式

在"视图"选项卡的"工作簿视图"组中，单击相应的视图按钮，即可切换视图模式，如切换到"页面布局"视图模式，如图1-15所示。

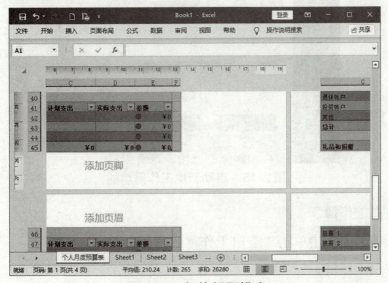

图1-15　切换视图模式

学习任务 1.4　工作簿的基本操作

熟悉了Excel操作界面后，下面开始学习工作簿的基本操作，如新建工作簿、保存工作簿、保护以及定时保存工作簿等。

案例 1.4.1 新建工作簿

用户在创建新的工作簿时，可以创建一个没有任何内容的空白工作簿，然后从头开始输入数据、编辑数据；也可以基于Excel模板创建具有内容格式的工作簿，在这种工作簿中，用户就不需要从头开始输入和编辑数据了，而只需在该模板的基础上对数据稍加修改，变成自己所需要的工作簿即可。

实训1　创建空白工作簿

若要新建一个没有任何内容的工作簿，最快捷的方法是直接按Ctrl+N组合键。当然，可以用如下操作：

◎【操作步骤】

1. 启动新建工作簿功能。

单击"文件"选项卡，从弹出的菜单中单击"新建"命令，切换至"新建"选项卡面板中，如图1-16所示。

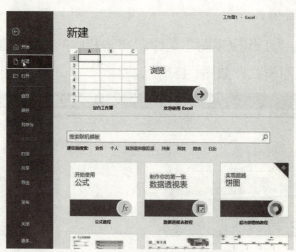

图1-16　启动新建工作簿功能

2. 选择新建空白工作簿。

在"新建"选项卡面板中单击"空白工作簿"图标，如图1-16所示。

3. 查看新建空白工作簿。

此时，可以看到系统自动新建了一个名为"工作簿2"的空白工作簿，如图1-17所示，此时用户就可以在新的工作簿中输入和编辑数据了。

图1-17 查看新建空白工作簿

实训2 创建基于已有模板的工作簿

Excel自带了许多表格模板，通过这些模板，可以快速新建各种具有专业表格样式的工作簿。

下面通过新建"销售发票跟踪表"工作簿来讲解新建工作簿的相关操作。

◎【操作步骤】

1. 启动创建基于模板的工作簿功能。

单击"文件"选项卡，从弹出的菜单中单击"新建"命令，切换至"新建"选项面板中，然后选择"销售发票跟踪表"模板，如图1-18所示。提示：首次操作时，先搜索联机模板。

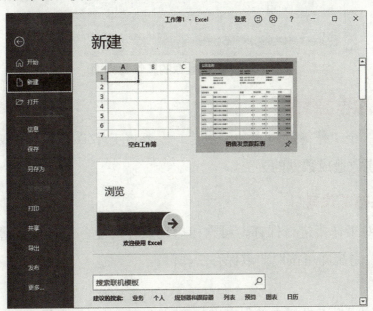

图1-18 启动创建基于模板的工作簿功能

2. 此时，显示本机保存的所有已经安装的样本模板，拖动垂直滚动条，选择要创建的模板，这里选择"销售发票跟踪表"模板，然后再单击"创建"按钮，如图1-19所示。

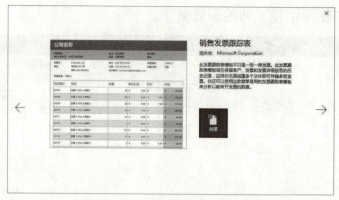

图1-19 选择要创建的模板

3. 创建基于模板的工作簿。

系统自动创建了一个名为"销售发票跟踪表"的工作簿，并在工作表中显示模板中的具体内容，如图1-20所示。用户只需在此基础上对其中的数据进行适当的修改即可。

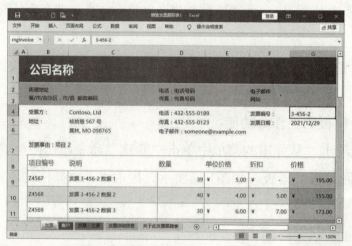

图1-20 基于模板的工作簿界面

案例 1.4.2 保存工作簿

当用户完成对一个工作簿的建立和编辑后，需要将工作簿保存到磁盘中，以便下次查看或防止突然断电等事故造成数据的丢失。

实训 1 直接保存工作簿

如果是第一次对工作簿进行保存，可直接启动保存功能，选择工作簿要保存的位置，并设置其保存的名称，系统即可按照要求保存工作簿。

◎【操作步骤】

1. 单击"快速访问"工具栏中的保存图标或按下Ctrl+S组合键。

2. 在弹出的"另存为"对话框中，首先选择保存的路径，然后在"文件名"文本框中输入保存名称，如输入"销售发票跟踪表_分公司"，如图1-21所示。

学习任务 1.4 工作簿的基本操作

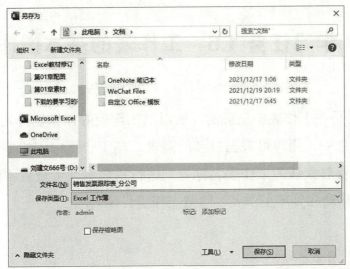

图1-21　输入保存名称

3. 单击"保存"按钮，返回工作簿，此时可以看到标题栏中工作簿的名称已经更改为"销售发票跟踪表_分公司"，效果如图1-22所示。

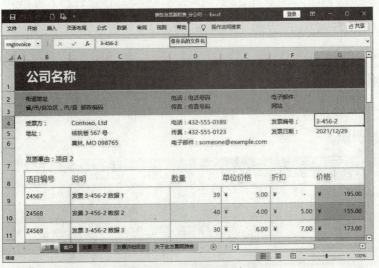

图1-22　名称更改效果

在编辑工作表数据的过程中，用户也要及时保存自己的表格内容，此时可单击"快速访问"工具栏中的"保存"按钮快速保存或按Ctrl+S组合键保存。

实训 2　另存工作簿

如果用户对已经保存过的工作簿进行了修改，而又希望原工作簿中的数据不变，此时可以另存工作簿，重新设置保存的路径和名称。

学习任务 1.5　工作表的基本操作

Excel的主要应用是在工作表中完成的，所以对工作表的操作显得尤为重要。工作表是构成工作簿的基本要素之一，用户可根据自己的需求，在工作簿中创建多张工作表。为了区分不同的工作表，还需要对默认的工作表名称分别进行重命名或者设置不同的标签颜色。在实际工作中，还经常会移动和复制工作表、隐藏工作表。

案例 1.5.1　选择工作表

选择工作表是最基本的操作，也是对工作表进行其他操作的前提。当用户需要在某张工作表中编辑数据时，首先需要选择工作表。一张工作表编辑完毕后，若要编辑另外一张工作表，那么就需要选择另外的工作表；若要同时对多张工作表进行编辑，就需要同时选择多张工作表。下面介绍几种常见的选择工作表的方式。

◎【操作步骤】

1. 选择单张工作表。

将鼠标指针移到工作表标签上，单击鼠标，即可将其选中，此时被选择的工作表标签为白底显示，如图1-23所示。

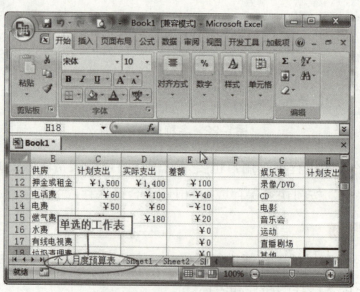

图1-23　选择单张工作表

2. 选择多张连续相邻的工作表。

先选择一张工作表，然后按住Shift键，再单击要选择的最后一张工作表标签，此时这两张工作表之间的所有工作表都会被选中，如图1-24所示。

图1-24 选择多张连续相邻的工作表

3. 选择多张不连续的工作表。

选择第一张工作表后,按住Ctrl键,同时,再单击需要选择的其他工作表标签,即可选择多张不连续的工作表,如图1-25所示。

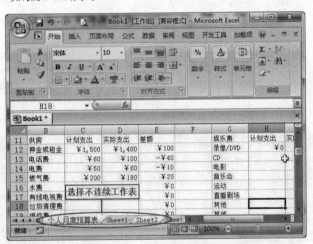

图1-25 选择多张不连续的工作表

4. 选择所有工作表。

在任意工作表标签上右击,在弹出的快捷菜单中选择"选定全部工作表"命令,即可选择该工作簿中的所有工作表,如图1-26所示。

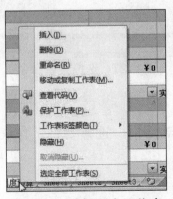

图1-26 选择所有工作表

案例 1.5.2 移动或复制工作表

如果用户所创建的工作表的内容是基于另外一张工作表的,只需在另外一张工作表中稍加修改,即可得到新的工作表,这样用户就不用再次输入和编辑工作表了。可以通过复制工作表的方法来创建一张与原工作表内容相同的工作表,然后做适当的修改即可。若用户需要调整工作簿中工作表的顺序,则可以通过移动工作表的方法来解决。

移动或复制工作表,是实现工作表之间调用表格数据资源和避免重复输入的常用手段。移动其实就是移动工作表的位置,下面通过将"4月"工作表移动到"3月"工作表的后面来讲解通过对话框移动工作表的相关操作。

实训 1 在同一个工作簿中移动和复制工作表

在同一个工作簿中移动和复制工作表的方法很简单,可直接使用鼠标拖动的方法将工作表移动或复制到目标位置。

● 【方法一】用菜单命令法移动或复制工作表

◎ 【操作步骤】

1. 选择菜单命令。

打开"个人月度预算表"素材文件,在"4月"工作表标签位置处右击,在弹出的快捷菜单中选择"移动或复制工作表"命令,如图1-27所示。

图1-27 选择菜单命令

2. 设置移动目标位置。

打开"移动或复制工作表"对话框,选择要将工作表移动到的位置,单击"确定"按钮,如图1-28所示。

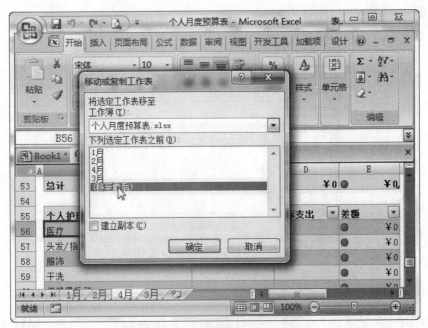

图1-28　设置移动目标位置

3. 查看效果。

返回到工作表中，在工作表标签的位置即可查看到"4月"工作表标签移动到了"3月"工作表标签的后面，如图1-29所示。

图1-29　查看效果

4. 通过对话框复制工作表。

在"移动或复制工作表"对话框中，先选择要创建副本工作表的位置，选中"建立副本"复选框，单击"确定"按钮，即可复制工作表，如图1-30所示。

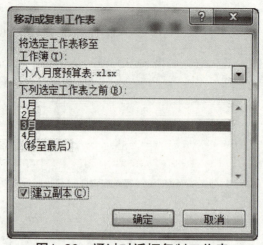

图1-30 通过对话框复制工作表

● 【方法二】用拖动法移动或复制工作表

在工作表不多的情况下，可将鼠标指针移动到工作表标签上，按住鼠标左键不放，拖动鼠标到目标位置，释放鼠标，即可移动工作表。若在按住Ctrl键的同时移动工作表，可快速实现工作表的复制操作。

◎ 【操作步骤】

1. 选定工作表标签并拖动鼠标左键。

在需要移动的工作表标签上单击并按住鼠标左键不放，拖动鼠标到目标位置，如图1-31所示。

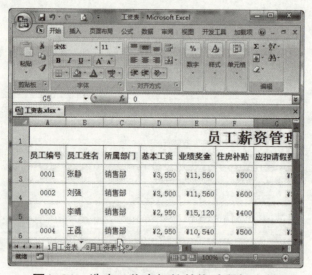

图1-31 选定工作表标签并拖动鼠标左键

2. 释放鼠标左键。

待拖曳到要放置的位置后，释放鼠标左键，将"1月工资表"工作表移至"2月工资表"的后面，如图1-32所示。

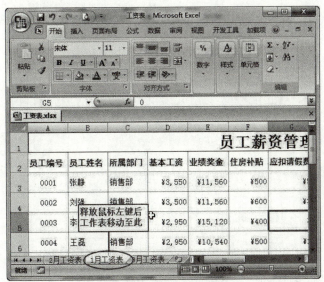

图1-32　释放鼠标左键

3. 在按下Ctrl键的同时释放鼠标左键。

待拖曳到要放置的位置后，按下Ctrl键，鼠标指针变成带加号的标签指针，此时释放鼠标左键，可发现工作表在"2月工资表"的后面已经复制了一张"1月工资表"，这张工作表的名称为"1月工资表（2）"，如图1-33所示。

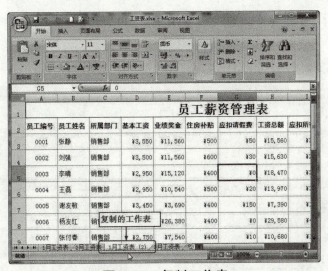

图1-33　复制工作表

实训2　在不同的工作簿中移动或复制工作表

在不同的工作簿中移动和复制工作表时，其操作稍微复杂一点，首先需要打开移动或复制与被移动或复制的工作簿，然后在对话框中进行操作，其操作方法与在同一个工作簿中移动或复制工作表相似。只是在"移动或复制工作表"对话框中，选择不同的工作簿或新工作簿即可，如图1-34所示。若要复制工作表，选中"建立副本"复选框后，再单击"确定"按钮；若要移动工作表，直接单击"确定"按钮。

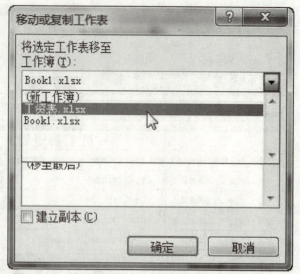

图1-34　在不同的工作簿中移动或复制工作表

案例 1.5.3　插入工作表

复制工作表其实也是插入工作表的方法之一，下面通过在"4月"工作表前插入"Sheet1 工作表"来介绍插入工作表的相关操作。其具体操作方法如下。

◎【操作步骤】

1. 选择菜单命令。

在"4月"工作表标签上右击，选择"插入"命令，如图1-35所示。

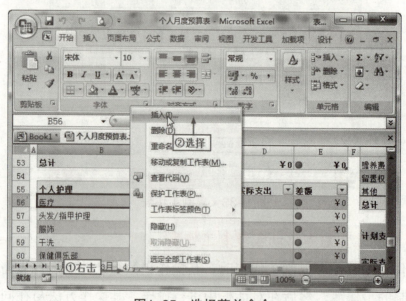

图1-35　选择菜单命令

2. 快速插入工作表的方法。

单击"开始"选项卡"单元格"组中的"插入"下拉按钮，选择"插入工作表"选项，如图1-36所示；或者按Shift+F11组合键。

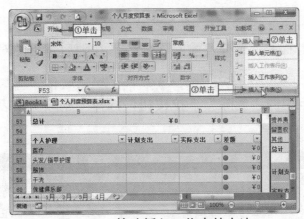

图1-36 快速插入工作表的方法

3. 插入工作表。

在打开的"插入"对话框的"常用"选项卡中选择"工作表"选项，然后单击"确定"按钮即可，如图1-37所示。

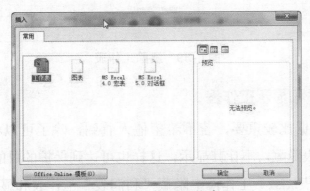

图1-37 插入工作表

4. 查看效果。

返回到工作表中，在工作表标签处即可查看到"4月"工作表标签前插入了"Sheet1"工作表，如图1-38所示。

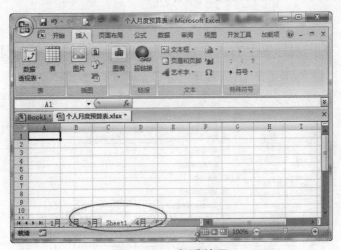

图1-38 查看效果

【妙招】删除工作表

在要删除的工作表上右击，选择"删除"命令，在随后弹出的对话框中，单击"确定"按钮，即可删除当前工作表，如图1-39所示。

或单击"单元格"组中的"删除"下拉按钮，选择"删除工作表"命令，也可删除当前工作表。

图1-39 删除工作表

案例1.5.4 隐藏和显示工作表

有一些工作表的数据比较重要，若不希望他人看到，除了可以将工作簿设置密码保护外，还可以将这些工作表隐藏，不让其显示，这样也可达到保护的目的。

下面通过在"利润表.xlsx"工作簿中隐藏"利润表"工作表和显示"相关资料"工作表来讲解隐藏和显示工作表的相关操作。

◎【操作步骤】

1. 打开工作簿。

启动Excel 2019，打开"利润表.xlsx"工作簿。

2. 隐藏工作表。

在"利润表.xlsx"工作表标签上右击，选择"隐藏"命令来隐藏利润表，如图1-40所示。

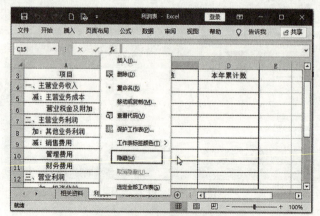

图1-40 隐藏工作表

3. 取消隐藏。

在任意工作表标签上右击,选择"取消隐藏"命令,如图1-41所示。

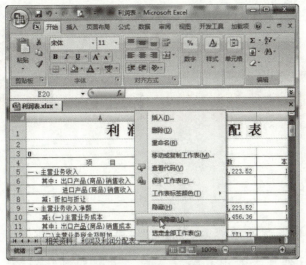

图1-41 取消隐藏

综合实训1.6 制作员工薪酬管理表

● 【练习目的】制作员工薪酬管理表。

利用本章所学的知识制作一份含有3个工作表的员工薪酬管理工作簿,并在其中进行重命名工作表、编辑区域设置、删除多余的表格、折叠功能区、保护工作表和另存工作簿等操作。

● 【制作效果】素材文件:"员工薪酬管理表.xlsx",如图1-42所示。

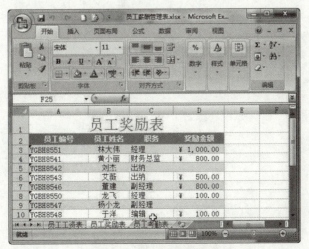

图1-42 员工薪酬管理表

项目 02
财务单据的制作和美化

📋 项目描述

本章将介绍制作、美化财务单据和表格的常用方法，其中包括输入数据、设置数据格式、设置单元格的行高或列宽、套用表格样式等，并按照制作表格、输入数据、设置数据和美化表格的流程讲解相关操作。

🎯 学习目标

- ◆ 合并单元格
- ◆ 插入行和列
- ◆ 调整列宽或行高
- ◆ 数据记忆输入
- ◆ 使用自动更正输入
- ◆ 设置数据类型
- ◆ 设置数据的对齐方式
- ◆ 套用表格样式

⚽ 实训任务

- ◆ 制作财会单据
- ◆ 插入行和列
- ◆ 调整列宽或行高

学习任务 2.1　制作借款单表格结构

借款单是常用的单据之一，无论是在工作中还是在私人生活中都较为常用，所以作为财务人员，必须掌握制作借款单的方法。

案例 2.1.1　合并和拆分单元格

合并单元格就是将多个单元格合并为一个单元格，拆分单元格就是将一个单元格拆分为多个单元格。

下面通过"借款单"工作表来讲解合并和拆分单元格的相关操作。

● 【方法一】通过命令按钮选项合并和取消合并单元格

◎ 【操作步骤】

1. 合并单元格。

打开"借款单.xlsx"素材文件，在"Sheet1"工作表中选择A1:M1单元格区域，单击"合并后居中"下拉按钮，选择"合并后居中"选项，如图2-1所示。

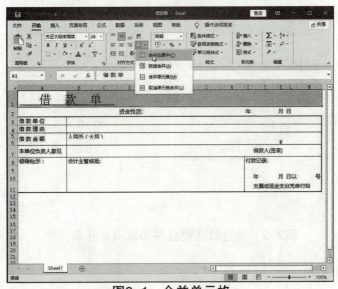

图2-1　合并单元格

2. 取消合并单元格。

选择A2单元格，单击"合并后居中"下拉按钮，选择"取消单元格合并"选项，效果如图2-2所示。

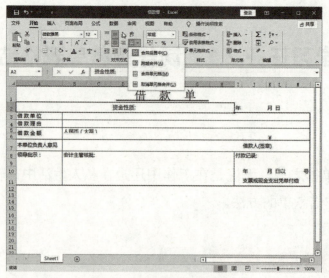

图2-2 取消合并单元格

- ●【方法二】通过对话框合并和取消合并单元格
- ◎【操作步骤】

选择要合并或取消合并的单元格，如在"借款单.xlsx"工作簿的"Sheet1"工作表中，选择A1:M1单元格区域，在"开始"选项卡的"对齐方式"组中，单击"对话框启动器"按钮，在打开的对话框中选中或取消"合并单元格"复选框，最后确定即可，如图2-3所示。

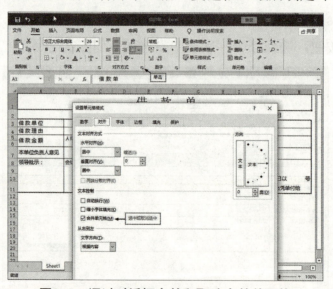

图2-3 通过对话框合并和取消合并单元格

案例 2.1.2 插入和删除行与列

若需要在表格中通过添加行和列来添加数据，可以用插入行或列的方法来实现，对于多余的行或列，可将其删除。

下面通过插入列增加签字部分的空白和删除多余的行来讲解相关操作。

1. 插入列或插入行。

● 【方法一】利用快捷菜单插入列

◎ 【操作步骤】

打开"借款单.xlsx"素材文件,在"Sheet1"工作表中选择L列并在其上右击鼠标,在快捷菜单中选择"插入"命令,即可在当前列的左边插入一空列,如图2-4所示。

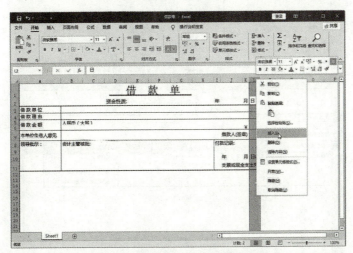

图2-4 利用快捷菜单插入列

若在工作表中选择某行并在其上右击鼠标,在快捷菜单中选择"插入"命令,即可在当前行的上边插入一空白行。

● 【方法二】利用命令按钮选项插入行或列

◎ 【操作步骤】

选择要插入行或列的位置,即选定单元格,单击"开始"选项卡中"单元格"组的"插入"下拉按钮,选择"插入工作表行"或"插入工作表列"选项,即可在当前位置的上边插入一空白行或在其左侧插入一空白列,如图2-5所示。

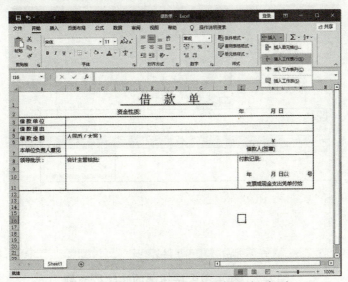

图2-5 利用命令按钮选项插入行或列

2. 删除行或列。

● 【方法三】利用快捷菜单删除行或列

◎ 【操作步骤】

在本案例中,选择第7行并右击,选择"快捷菜单"中的"删除"命令,即可将当前行删除,原来在其下方的各行依次上移,如图2-6所示。

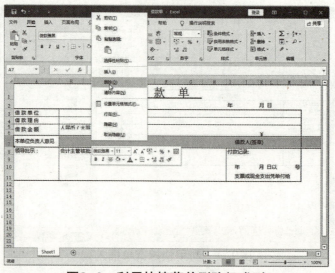

图2-6　利用快捷菜单删除行或列

若要删除某列,即可选中该列中任意一个单元格,右击鼠标,选择快捷菜单中的"删除"命令,即可将当前列删除,原来在其右方的各列依次左移。

● 【方法四】利用命令按钮选项删除行或列

◎ 【操作步骤】

选择要删除的行或列,单击"开始"选项卡"单元格"组中的"删除"下拉按钮,选择"删除工作表行"或"删除工作表列"选项,即可将当前行或列删除,如图2-7所示。

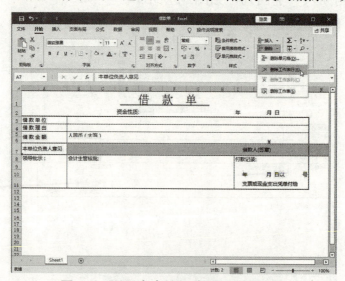

图2-7　利用命令按钮选项删除行或列

学习任务 2.2　财务数据的输入与编辑

在财务工作中需要用到的表格是多种多样的，而每一种表格中包含的数据类型也多种多样。用户在制作财务表格前，一定希望掌握每一种数据类型的输入方法，例如输入以"0"开头的数据、日期数据、特殊符号等，这样才不至于在制作财务报表的时候陷入尴尬的境地。当然，仅了解数据的输入方法还不够，还应该掌握怎样才能快速、正确地输入数据，此时，就需要用到数据的复制、填充、查找、替换等功能。

案例 2.2.1　工作表中数据的输入

当调整了员工薪资的时候，为了对比员工薪资的变化，需要制作薪资调整记录表来记录调整的明细，在薪资调整记录表中会涉及员工编号、调整日期以及一些特殊符号的使用，此时用户就需要掌握这些内容的输入方法。

实训 1　输入文本型数据

文本型数据是指汉字、英文，或由汉字、英文、数字组成的字符串，如"季度1""AK47"等都属于文本型数据。默认情况下，输入的文本会沿单元格左侧对齐。

下面以薪资调整记录表为例，介绍以"0"开头的文本型数据的输入方法。

◎【操作步骤】

1. 启动设置单元格格式功能。

打开素材文件"薪资调整记录表.xlsx"，在"Sheet1"工作表中，选择A3:A10单元格区域，右击鼠标，在弹出的快捷菜单中单击"设置单元格格式"命令，如图2-8所示。

图2-8　启动设置单元格格式功能

2.选择格式。

在"设置单元格格式"对话框的"数字"选项卡中,单击"分类"列表框中的"文本"项,然后单击"确定"按钮,如图2-9所示。

图2-9 选择格式

3.输入以"0"开头的数据。

单击要输入文本的单元格,切换到自己所熟悉的输入法,然后直接输入文本内容,输入的内容同时显示在编辑栏中,也可单击单元格后在编辑栏中输入数据,结果如图2-10所示。

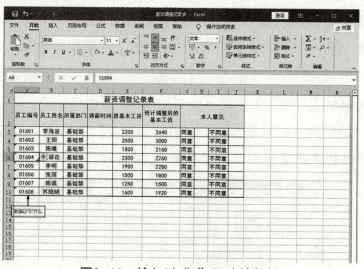

图2-10 输入以"0"开头的数据

● 【温馨提示】当输入的文本型数据的长度超出单元格的长度时,如果当前单元格右侧的单元格为空,则文本型数据会扩展显示到其右侧的单元格中;如果当前单元格右侧的单元格中有内容,则超出部分会被隐藏。此时单击该单元格,可在编辑栏中查看其全部内容。

● 【知识库】如果在输入数据的过程中出现错误,可以使用Backspace键删除错误的文本。如果输入过后才发现错误,则需双击需要修改的单元格,然后在该单元格中进行修改。也可单击单元格,然后将光标定位在编辑栏中修改数据。如果单击某个有数据的单元格,然后直接输入数据，则单元格中原来的数据将被替换。

此外，单击某个单元格，然后按Delete键或Backspace键，可删除该单元格的全部内容。在输入数据时，还可以通过单击编辑栏中的"取消"按钮或按Esc键取消本次输入。

● 【小技巧】在按Enter键确认输入时，光标会跳转至当前单元格的下方单元格中，若要使光标跳转至当前单元格的右侧单元格中，可按Tab键或→键。此外，按←键可将光标移动到当前单元格左侧的单元格中。

实训2 输入数值型数据

在Excel中，数值型数据包括数值、日期和时间，它是使用最多，也是最为复杂的数据类型，一般由数字0~9、正号、负号、小数点、分数号"/"、百分号"%"、指数符号"E"、货币符号"$"和千位分隔符等组成。

输入大多数数值型数据时，直接输入即可，Excel会自动将数值型数据沿单元格右侧对齐。

当输入的数据位数较多时，如果输入的数据是整数，则数据会自动显示为科学计数表示方法。如果输入的是小数，在单元格中能够完全显示，则不会进行任何调整；如果小数不能完全显示，系统会根据情况进行四舍五入调整，如图2-11所示。

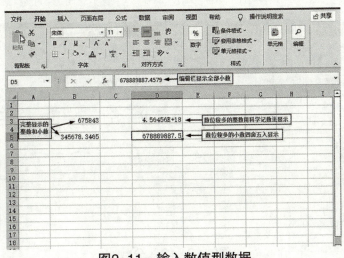

图2-11 输入数值型数据

● 【温馨提示】无论数据在单元格中如何显示，单元格中存储的依旧是用户输入的数据，通过编辑栏便可以看到这一点。

实训3 其他一些特殊数据类型的输入

1. 输入百分比数据。

可以直接在数值后输入百分号"%"，如图2-12所示。

2. 输入负数。

必须在数字前加一个负号，或给数字加上圆括号。例如输入"-15"或"(15)"，都可以在单元格中得到"-15",如图2-12所示。

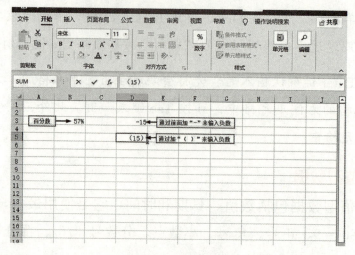

图2-12　输入负数

3. 输入分数。

分数的格式通常为"分子/分母",在单元格中输入分数,如3/4,应先输入"0"和一个空格,然后再输入"3/4",单击编辑栏上的"输入"按钮后,单元格中显示"3/4";如果不输入"0",直接输入"3/4",Excel会将该数据作为日期格式处理,显示为"3月4日",如图2-13所示。

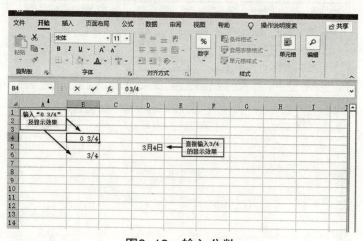

图2-13　输入分数

● 【温馨提示】利用这种方法输入分数,分数的分母不能大于99,否则数值将无法正常显示在单元格中。

4. 输入日期。

用斜杠"/"或者"-"来分隔日期中的年、月、日部分。首先输入分隔符,然后输入1~12数字作为月,再输入1~31数字作为日。输入日期型数据时,可先在"设置单元格格式"对话框的"数字"选项卡中,单击"分类"列表框中的"日期"项,设定日期型数据的显示方式,如图2-14所示。

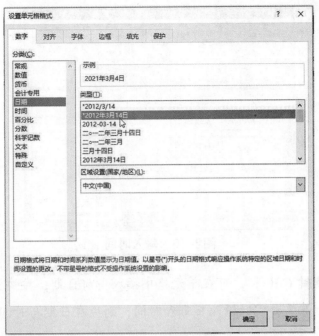

图2-14　输入日期

最终，日期型数据输入后的效果如图2-15所示。

图2-15　日期型数据输入后的效果

5. 输入时间。

在Excel中输入时间时，可用冒号（:）分开时间的时、分、秒，系统默认输入的时间是按24小时制的方式输入的。当然，用户可根据具体需要，在"设置单元格格式"对话框中，设置时间型数据的显示方式，如图2-16所示。

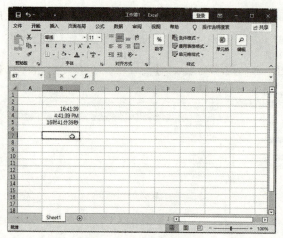

图2-16 输入时间

● 【温馨提示】按快捷键 Ctrl+；，可在单元格中插入当前日期；按快捷键 Ctrl+Shift+；，可在单元格中插入当前时间。如果要同时输入日期和时间，则应在日期与时间之间用空格加以分隔。

实训 4 自动填充数据

在Excel中，用户可以使用填充柄、填充列表或快捷键自动填充数据，下面分别介绍。

一、利用填充柄填充数据

填充柄是位于选定单元格或选定单元格区域右下角的小黑方块。如果在相邻的单元格中输入相同的或有规律的数据，可首先在第1个单元格中输入示例数据，然后上、下或左、右拖动填充柄即可。

◎【操作步骤】

1. 打开素材文件"差旅费用报表.xlsx"，在初始单元格C6中输入初始数据"星期一"，确认输入后，将鼠标指针移动到单元格右下角的填充柄上，此时鼠标指针变为实心的"十"字形，如图2-17所示。

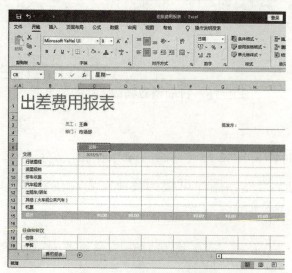

图2-17 输入初始数据

2. 按下鼠标左键并向右拖动到I6单元格，释放鼠标，即可完成数据的填充，结果如图2-18所示。

图2-18 数据填充

3. 在填充一些数据时，默认的填充方式为"填充序列"，即以系统内置的序列进行填充。不过，在释放鼠标后，在填充区域的右下角会出现一个"自动填充选项"按钮，单击该按钮，可在展开的列表中选择其他填充方式，如图2-19所示。初始数据不同，列表中的选项也不尽相同。

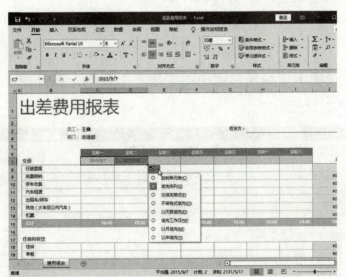

图2-19 其他填充方式

● 【温馨提示】也可按Ctrl+R和Ctrl+D组合键进行向右或向上填充。要注意的是，选择"向上""向下""向右"或"向左"填充数据时，需要提前在包含数据的单元格的上方、下方、右侧或左侧选中需要填充的单元格区域。

● 【小技巧】除了单独填充一个数据序列外，还可以同时填充多个数据序列。例如，要在单元格C6~I6中填充星期的同时，在单元格C7~I7中填充对应的日期，操作方法如图2-20所示。

项目 02　财务单据的制作和美化

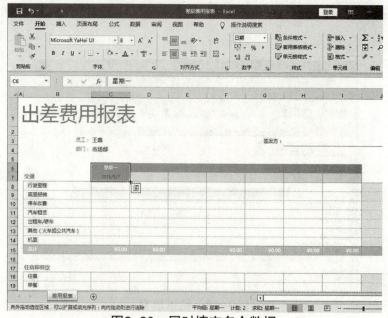

图2-20　同时填充多个数据

二、利用"填充"列表填充数据

利用"填充"列表可以将当前单元格或单元格区域中的内容向上、向下、向左、向右相邻单元格或单元格区域做快速填充，具体操作如下：

1. 打开素材文件"职工档案表.xlsx"，在单元格C3中输入数据"办公室"，然后选中C3:C9单元格区域。

2. 单击"开始"选项卡"编辑"组中的"填充"按钮，展开填充列表，选择相应的选项，如"向下"，如图2-21所示。

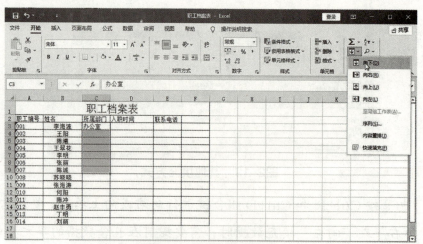

图2-21　选择填充选项

3. 此时，在所选的相邻单元格区域自动填充与第1个单元格相同的数据，填充效果如图2-22所示。

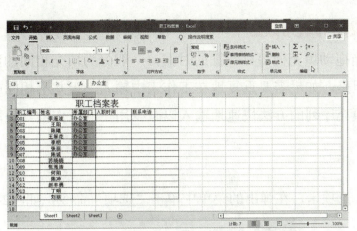

图2-22 填充效果

4. 若在"填充"列表中选择"系列"选项，可打开"序列"对话框，利用该对话框可使用等差序列、等比序列等进行填充，如图2-23所示。

图2-23 "序列"对话框

三、使用快捷键填充相同数据

若要一次性在所选单元格区域填充相同数据，可先按住鼠标左键并拖动选中要填充数据的单元格区域，然后输入要填充的数据，如输入的入职时间为"2010/9/1"，输入完毕后，按Ctrl+Enter组合键，效果如图2-24所示。

图2-24 使用快捷键填充相同数据

四、使用自定义序列填充数据

默认情况下，当拖动填充柄填充数据的时候，一般分为填充相同的数据和填充有规律的数据这两种方式。但是，如果需要重复地在工作表中输入一组并不相同或存在规律的数据，那么怎样才能利用填充序列的方法快速地输入以减少用户的工作量，提高工作效率呢？以下方法不妨一试。

◎【操作步骤】

1. 单击"文件"选项卡，在弹出的菜单中单击"选项"命令，如图2-25所示。

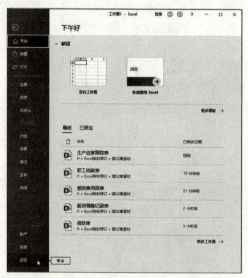

图2-25 单击"选项"命令

2. 在"Excel选项"对话框中，单击"高级"选项，在其右侧的选项面板中单击"编辑自定义列表"按钮，如图2-26所示。

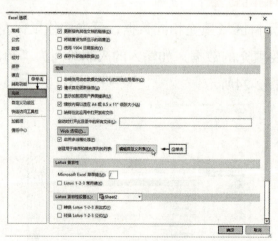

图2-26 单击"编辑自定义列表"按钮

3. 弹出"自定义序列"对话框，在"输入序列"列表框中输入自定义的序列后，单击"添加"按钮，如图2-27所示。将新定义序列添加到"自定义序列"列表框后，依次单击"确定"按钮，返回到工作表中。

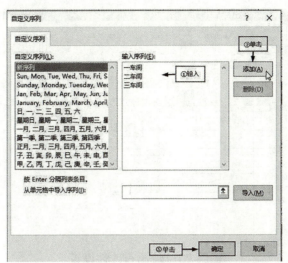

图2-27 添加新定义序列

4. 在所需的单元格中输入"一车间",将鼠标指向单元格右下角,拖动填充柄填充序列。释放鼠标后,可以看见已将新定义的序列内容填充到了指定的单元格中,如图2-28所示。

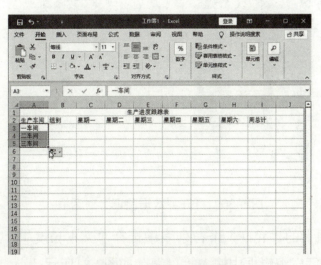

图2-28 填充序列效果

案例 2.2.2 设置数据输入限制条件

在建立工作簿的过程中,有时为了保证在工作表中输入的数据都在其有效范围内,可以使用Excel提供的"有效性"命令为单元格设置条件,以便在出错时得到提醒,从而快速、准确地输入数据。本任务目标在于掌握数据有效性的设置方法。

实训 1 限制文本数据的长度

◎【操作步骤】

1. 打开素材文件"职工档案表.xlsx",使用鼠标拖动方式选中要设置数据有效性的单元格区域,如图2-29所示。

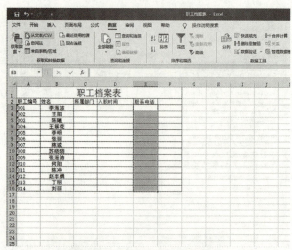

图2-29 数据有效性设置

然后单击"数据"选项卡"数据工具"组中的"数据验证"按钮,如图2-30所示,打开"数据验证"对话框。

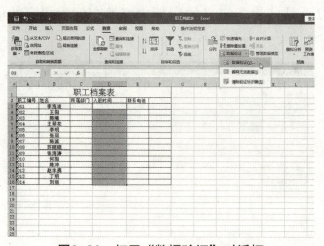

图2-30 打开"数据验证"对话框

2. 在"设置"选项卡的"允许"下拉列表中选择"文本长度",在"数据"下拉列表中选择"等于",在"长度"编辑框中输入"11",如图2-31所示。

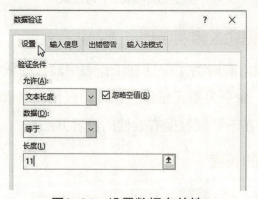

图2-31 设置数据有效性

3. 分别单击"输入信息"和"出错警告"选项卡标签,在其中设置相应的选项,如图2-32和图2-33所示,最后单击"确定"按钮。

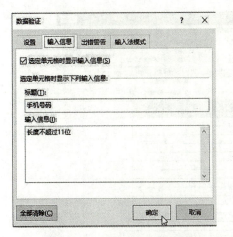 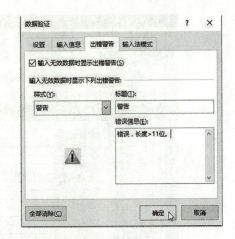

图2-32 设置"输入信息"选项　　图2-33 设置"出错警告"选项

4. 单击设置了数据有效性的单元格，会显示输入信息提示，如图2-34所示，然后就可以输入数据了。

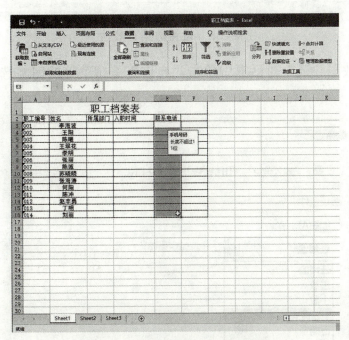

图2-34 数据有效性设置效果

实训2 限制单元格数据为序列

一个公司中的工种与考勤记号很多，为了方便员工和财务人员填写工作事项和计算工资，可将相应的单元格区域设置为数据验证。数据系列就是一组数据组成的下拉列表，用户可直接在其中选择相应的列表选项。下面通过在工作量统计工作表中设置工种的数据序列来讲解相关操作，以掌握数据序列的设置方法。

◎【操作步骤】

1. 选择目标单元格区域，单击"数据"选项卡，单击"数据工具"组中的"数据验证"按钮，如图2-35所示。

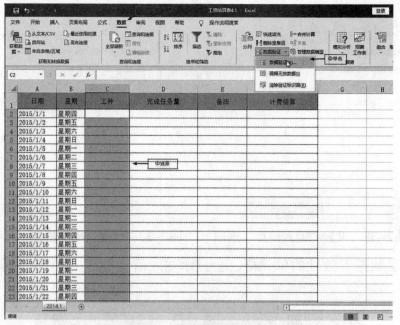

图2-35 设置数据有效性

2. 在打开的"数据验证"对话框中单击"允许"下拉菜单按钮,选择"序列"选项,如图2-36所示。

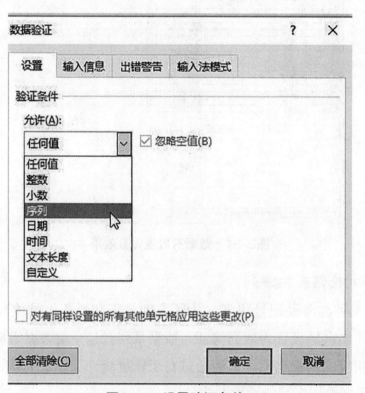

图2-36 设置验证条件1

3. 取消选中"忽略空值"复选框,在"来源"文本框中输入"工作1,工作2,工作3,工作4",单击"确定"按钮,如图2-37所示。

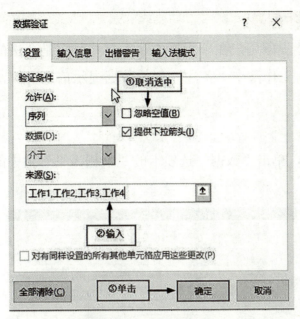

图2-37 设置验证条件2

【注意事项】

在"来源"文本框中输入序列内容时,要特别注意:各个数据之间使用英文状态下的逗号隔开,而不能用其他任何标点符号。

4．返回到工作表中,在设置数据验证的单元格区域中选择任意单元格,单击其右侧的下拉列表按钮,选择相应选项,如图2-38所示。

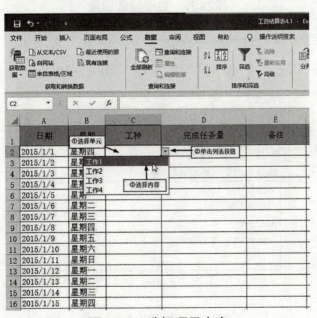

图2-38 选择项目内容

【注意事项】

在"数据验证"对话框中,单击"全部清除"按钮即可清除选择单元格中所有的数据验证功能。

实训 3 设置数据提示信息

设置数据提示信息能提醒用户在单元格中输入哪些数据是合法的，哪些是非法的。下面通过设置"工资结算表"工作簿中"备注"列的数据提示信息为例，讲解相关操作，以掌握数据提示信息的设置方法。

◎【操作步骤】

1. 选择"备注"列，单击"数据"选项卡的"数据工具"组中的"数据验证"按钮，如图2-39所示。

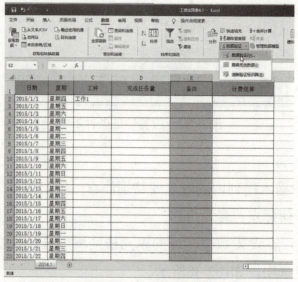

图2-39 数据验证设置

2. 在打开的"数据验证"对话框中选择"输入信息"选项卡，在"标题"和"输入信息"文本框中输入相应的信息，单击"确定"按钮，如图2-40所示。

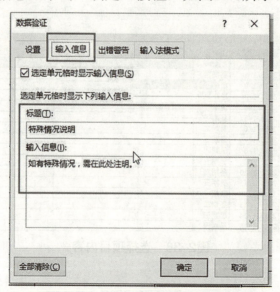

图2-40 设置"输入信息"选项

3. 返回到工作表中即可查看到设置的提示信息效果，如图2-41所示。

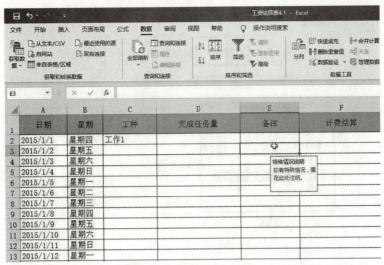

图2-41 提示信息效果

实训 4 设置出错警告

在表格中设置数据验证后，当用户输入不符合规则的数据时，系统会弹出出错警告来告诉用户输入的非法值。下面通过设置"工资结算表"工作簿中"工种"列的数据验证为出错警告，来讲解相关操作，以掌握出错警告的设置方法。

◎【操作步骤】

1. 选择"工种"列，单击"数据验证"按钮，如图2-42所示。

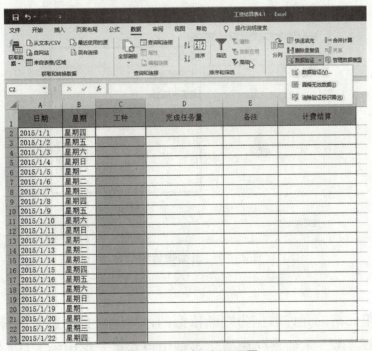

图2-42 数据验证设置

2. 在打开的"数据验证"对话框中选择"出错警告"选项卡，单击"样式"下拉按钮，选择"警告"选项，如图2-43所示。

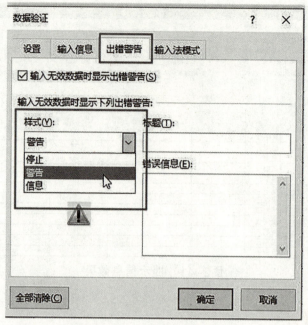

图2-43 出错警告设置1

3. 分别在"标题"和"错误信息"文本框中输入相应的警告信息,最后单击"确定"按钮,如图2-44所示。

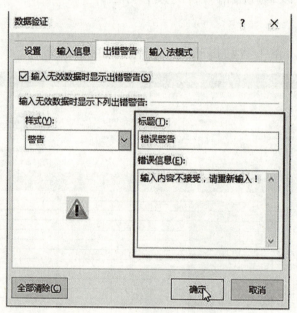

图2-44 出错警告设置2

【注意事项】

出错警告是以单元格的允许数据为判断依据的,所以,在设置出错警告前,应该设置单元格中允许的值或者范围,不能是任何值,否则用户在单元格中输入任何值时,系统都不会有警告信息。

4. 返回到工作表中,在"工种"列中输入工种范围以外的任何值,系统都会自动弹出出错警告对话框,如图2-45所示。

图2-45 出错警告设置效果

【注意事项】

如要忽略输入的非法值,只要在打开的警告对话框中单击"是"按钮即可。

学习任务 2.3 在部门费用统计表中查找和替换数据

当各部门因为各种原因产生了报销费用的时候,财务部就需要制作部门费用统计表,一方面方便公司做账,另一方面可以分析各种费用的使用价值以及使用的合理性等,以便做好下一期的财务预算。

案例 2.3.1 查找普通字符

要快速地找到工作表中的指定内容,使用查找功能就可以实现。部门费用统计表中,一般都统计了多种类型的费用,如果用户想要快速地查找到指定类别的费用,就可迅速地查看相应的数据。

◎【操作步骤】

1. 单击"查找"选项。

打开素材文件"各部门费用统计.xlsx",在"开始"选项卡下,单击"编辑"组中的"查找和选择"按钮,在展开的下拉列表中单击"查找"选项,如图2-46所示。

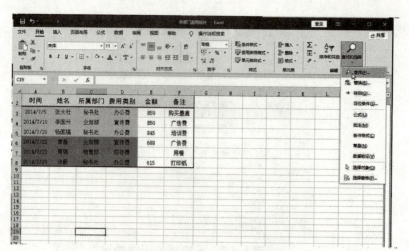

图2-46 单击"查找"选项

2. 输入查找的内容。

在弹出的"查找和替换"对话框中，在"查找内容"文本框中输入要查找的内容，如"广告费"，单击"查找全部"按钮，如图2-47所示。

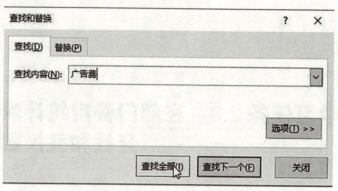

图2-47 输入查找的内容

3. 显示查找结果。

此时可以看见，在对话框中显示了查找的结果，在列表框中显示了"广告费"文本内容所在的工作表和单元格地址，用户可以很快找到需要查看的相关内容，如图2-48所示。

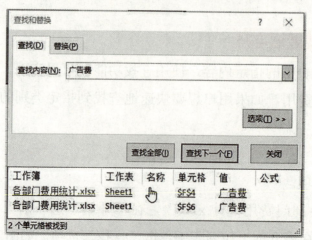

图2-48 显示查找结果

案例 2.3.2 条件查找

按条件查找可以查找满足一定条件的内容。比如查找部门费用统计表中的空白单元格，以便发现遗漏的地方。

◎【操作步骤】

1. 单击"定位条件"选项。

打开素材文件"各部门费用统计.xlsx"，在"开始"选项卡下，单击"编辑"组中的"查找和选择"按钮，在展开的下拉列表中单击"定位条件"选项，如图2-49所示。

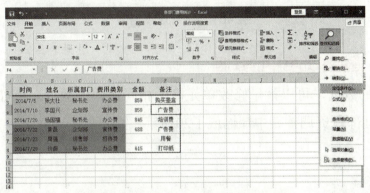

图2-49 单击"定位条件"选项

2. 选择定位条件。

在弹出的"定位条件"对话框中，单击选中"空值"单选按钮，单击"确定"按钮，如图2-50所示。

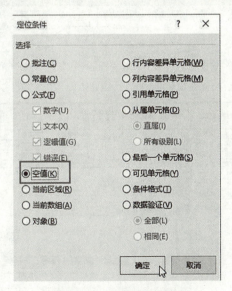

图2-50 选择定位条件

3. 显示查找结果。

此时查找到了工作表中的空白单元格，发现有数据输入的遗漏，如图2-51所示。用户可根据实际情况输入被遗漏的数据。

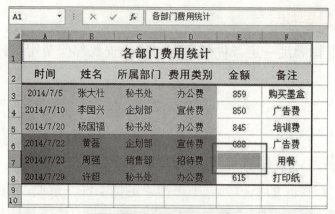

图2-51 显示查找结果

案例 2.3.3 替换单元格中的数据

替换单元格中的数据，可以批量修改单元格中相同错误的数据。例如薪资调整是在2014年进行的，但在基础部薪资调整表中却输成了2013年，需要更正。

◎【操作步骤】

1. 设置替换内容。

打开素材文件"基础部薪资调整表.xlsx"，选择D3:D10单元格区域，打开"查找和替换"对话框，分别在"查找内容"和"替换为"文本框中输入"2013"和"2014"，单击"全部替换"按钮，如图2-52所示。

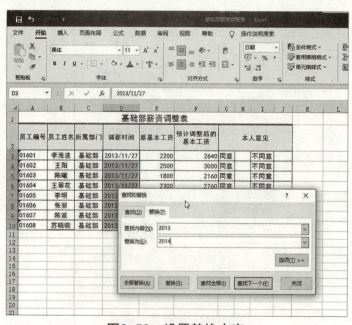

图2-52 设置替换内容

2. 完成替换。

弹出提示框，提示用户完成了替换，单击"确定"按钮，如图2-53所示。

学习任务2.3 在部门费用统计表中查找和替换数据

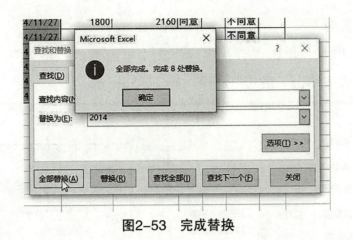

图2-53 完成替换

3. 显示替换的结果。

此时可以看到将基础部薪资调整表中的错误时间替换为了正确的时间，如图2-54所示。

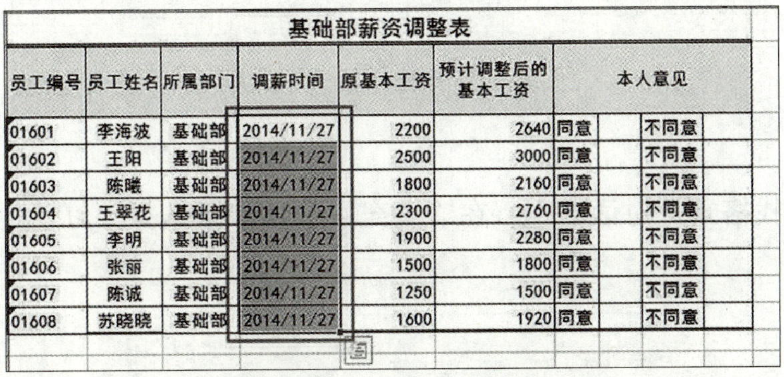

图2-54 显示替换结果

案例2.3.4 替换单元格格式

除了可以替换单元格中的数据，还可以替换单元格的格式。例如，将各部门费用统计表中红色单元格填充格式调整为水绿色单元格格式。

◎【操作步骤】

1. 单击"选项"按钮。

打开素材文件"各部门费用统计.xlsx"，打开"查找和替换"对话框，切换到"替换"选项卡，单击"选项"按钮，如图2-55所示。

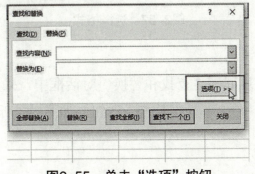

图2-55 单击"选项"按钮

2.单击"格式"选项。

打开"替换"选项卡,单击"查找内容"文本框右侧的"格式"按钮右侧的下三角按钮,在展开的下拉列表中单击"格式"选项,如图2-56所示。

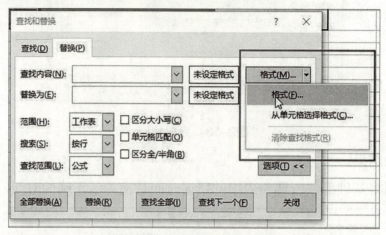

图2-56　单击"格式"选项

3.选择格式。

在弹出的"查找格式"对话框中,在"填充"选项卡下选择"红色,淡色40%",如图2-57所示。

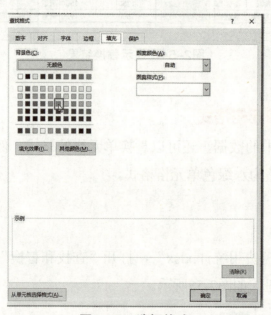

图2-57　选择格式

4.单击"全部替换"按钮。

单击"确定"按钮后,返回到"查找和替换"对话框中,采用同样的方法设置替换的格式为"水绿色,淡色60%",单击"全部替换"按钮,如图2-58所示。

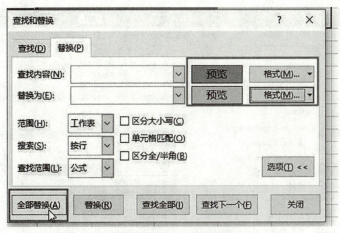

图2-58 全部替换

学习任务 2.4　调整工作表的格式

一份完整的表格，不仅要有数据，而且需要对其进行相应的格式设置，使整个表格更加美观，这样的表格才能算是合格的。

案例 2.4.1 设置数据的字体格式

默认情况下，用户在Excel工作表中输入的字体为"宋体""五号"，但是对于表格的不同部分，可以对其设置不同的字体，这样就可以突出显示工作表中的某部分内容。在Excel中设置字体和字号的方法有很多种。

实训 1 通过功能面板设置

数据的字体格式通常是通过功能面板中相应的按钮来设置的，这样不仅方便，而且快速。

◎【操作步骤】

1. 设置字体样式。

打开素材文件"差旅费报销单.xlsx"，选择除标题以外的其他数据区域，在"开始"选项卡中单击"字体"右侧的下三角按钮，从展开的下拉列表中选择字体，如"黑体"，如图2-59所示。

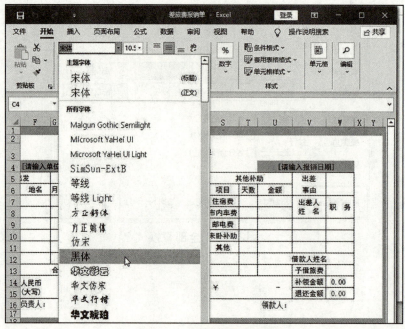

图2-59 设置字体样式

2. 设置字号大小。

在"开始"选项卡中单击"字号"右侧的下三角按钮，从展开的下拉列表中选择字号的大小，例如选择"10"磅，如图2-60所示。

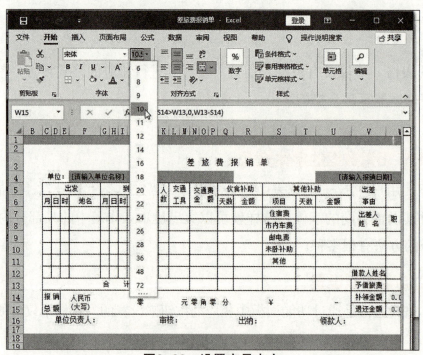

图2-60 设置字号大小

3. 设置标题的字体格式。

选择标题所在的单元格，按照前两步的方法，设置标题的字体格式，效果如图2-61所示。

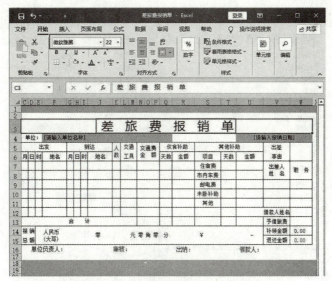

图2-61 设置标题的字体格式

实训 2 通过对话框设置

除了可以直接在功能列表中设置数据的字体格式外，用户也可以通过对话框来进行设置。

下面以设置标题行中的字体、大小和颜色为例讲解相关操作。

◎【操作步骤】

1. 单击"对话框启动器"按钮。

打开"办公用品领用登记表.xlsx"素材文件，选择A2:H2单元格，单击"字体"组中的"对话框启动器"按钮，如图2-62所示。

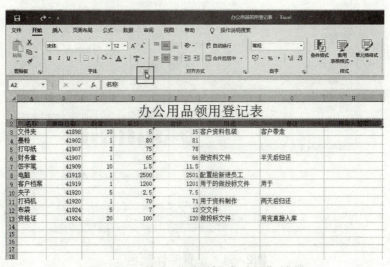

图2-62 单击"对话框启动器"按钮

2. 设置字体。

在"字体"列表框中选择"微软雅黑"，在"字号"列表框中选择"14"选项，如图2-63所示。

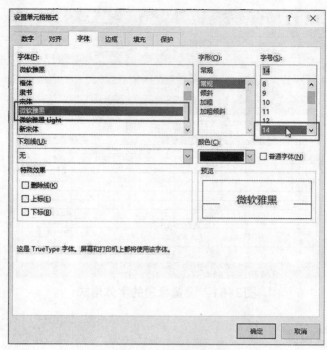

图2-63 设置字体

3. 设置字体颜色。

单击"颜色"下拉按钮,选择"白色"颜色选项,单击"确定"按钮,如图2-64所示。

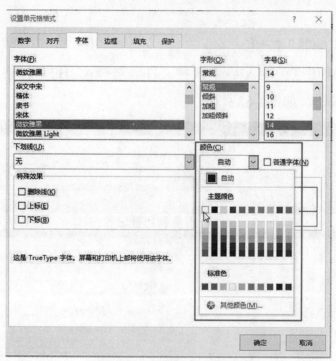

图2-64 设置字体颜色

4. 查看效果。

返回到工作表中,即可查看到设置的标题行的数据效果,如图2-65所示。

图2-65 查看效果

案例2.4.2 设置数据类型

在表格中输入的数据都有默认类型，用户可根据实际工作需要对数据进行更改和设置。下面通过实例讲解相关操作。

◎【操作步骤】

1. 选择"短日期"选项。

打开"办公用品领用登记表.xlsx"素材文件，选择 B3:B13单元格区域，单击"数字"组中的下拉按钮，选择"短日期"选项，如图2-66所示。

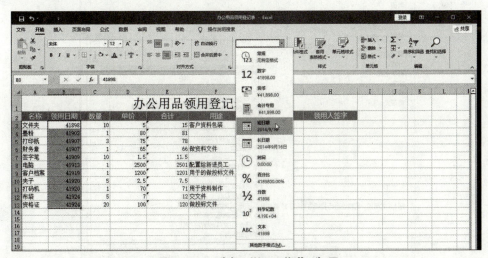

图2-66 选择"短日期"选项

2. 单击"对话框启动器"按钮。

选择 D3:E13单元格区域，单击"数字"组中的"对话框启动器"按钮，如图2-67所示。

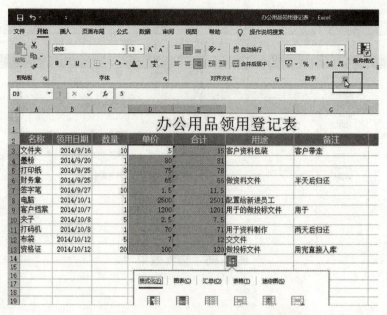

图2-67 单击"对话框启动器"按钮

3. 设置数据格式。

在"分类"列表框中选择"会计专用"选项,单击"货币符号"下拉按钮,选择货币选项,单击"确定"按钮,如图2-68所示。

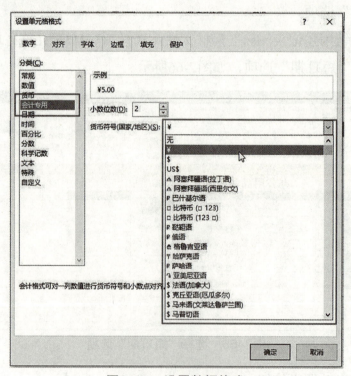

图2-68 设置数据格式

4. 查看效果。

返回到工作表中,即可查看到设置数据类型为短日期及会计类型的数据效果,如图2-69所示。

办公用品领用登记表						
名称	领用日期	数量	单价	合计	用途	备注
文件夹	2014/9/16	10	¥ 5.00	¥ 15.00	客户资料包装	客户带走
墨粉	2014/9/20	1	¥ 80.00	¥ 81.00		
打印纸	2014/9/25	3	¥ 75.00	¥ 78.00		
财务章	2014/9/25	1	¥ 65.00	¥ 66.00	做资料文件	半天后归还
签字笔	2014/9/27	10	¥ 1.50	¥ 11.50		
电脑	2014/10/1	1	¥ 2,500.00	¥ 2,501.00	配置给新进员工	
客户档案	2014/10/7	1	¥ 1,200.00	¥ 1,201.00	用于的做投标文件	用于
夹子	2014/10/8	5	¥ 2.50	¥ 7.50		
打码机	2014/10/8	1	¥ 70.00	¥ 71.00	用于资料制作	两天后归还
布袋	2014/10/12	5	¥ 7.00	¥ 12.00	交文件	
资格证	2014/10/12	20	¥ 100.00	¥ 120.00	做投标文件	用完直接入库

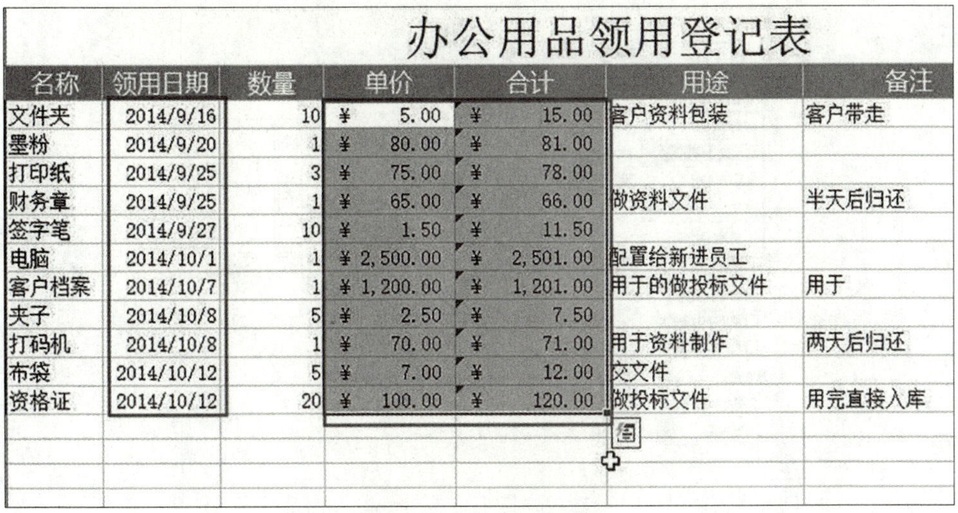

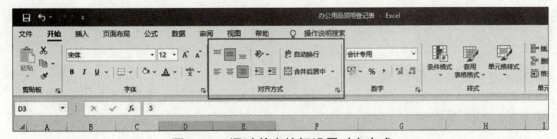

图2–69　查看效果

●【温馨提示】如果恢复数据的最初类型，只需要单击“数字”组中的下拉列表按钮，选择“常规”选项即可。

案例 2.4.3 设置数据对齐方式

在Excel中，不同的数据类型有默认的对齐方式，用户可根据实际需要对数据进行相应对齐方式的设置。

◎【操作步骤】

1. 单击按钮。

选择目标单元格，在“开始”选项卡的“对齐方式”组中单击相应的对齐方式按钮，如将单元格对齐方式设置为水平居中，只需单击“居中”按钮即可，如图2-70所示。

图2–70　通过单击按钮设置对齐方式

2. 通过对话框设置。

打开“设置单元格格式”对话框，在“对齐”选项卡的“文本对齐方式”栏中进行相应的设置，最后单击“确定”按钮即可，如图2-71所示。

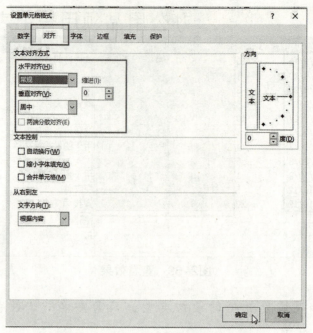

图2-71 通过对话框设置对齐方式

学习任务2.5 自定义格式美化表格

除了可以为表格数据设置字体、对齐方式和数据类型之外，还可以为单元格设置边框和底纹来美化表格。

案例2.5.1 添加单元格边框

实训1 快速添加边框

快速添加边框其实就是通过功能面板中的边框按钮来实现的，它能快速地添加一些简单的边框样式。

◎【操作步骤】

1. 设置线条颜色。

打开"借款审批单.xlsx"素材文件，选择目标单元格区域B3:H7，单击"下框线"下拉按钮，选择"线条颜色"选项，在弹出的子菜单中选择颜色选项，如图2-72所示。

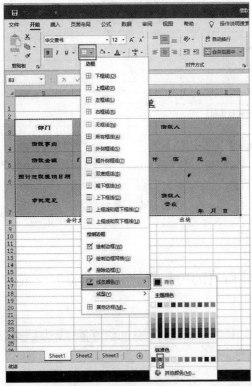

图2-72　设置线条颜色

2. 添加边框。

再次单击"下框线"下拉按钮,选择"所有框线"选项添加边框,如图2-73所示。

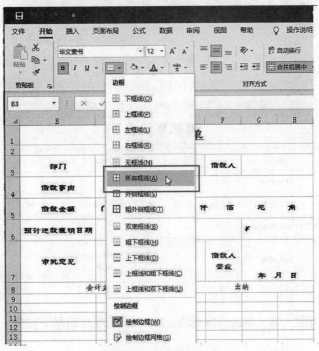

图2-73　添加边框

3. 查看效果。

在工作表中用户即可看到添加的红色边框效果,如图2-74所示。

项目 02 财务单据的制作和美化

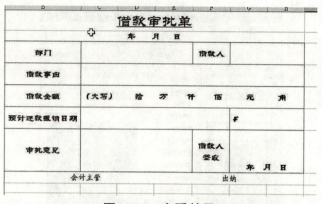

图2-74 查看效果

实训 2 通过对话框添加

通过对话框设置边框可将所有的边框样式一次性设置完成，不需要多次单击按钮，而且能添加复杂样式的边框。

下面通过对话框为"借款审批单.xlsx"添加红色粗线边框来讲解相关操作。

◎【操作步骤】

1．单击"对话框启动器"按钮。

打开"借款审批单.xlsx"素材文件，选择目标单元格区域A1:I8，单击"字体"组中的"对话框启动器"按钮，如图2-75所示。

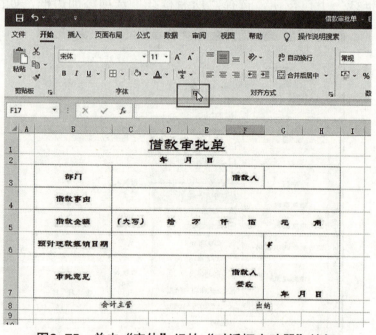

图2-75 单击"字体"组的"对话框启动器"按钮

2．设置线条颜色。

打开"设置单元格格式"对话框，切换到"边框"选项卡，单击"颜色"下拉按钮，选择"红色"选项，如图2-76所示。

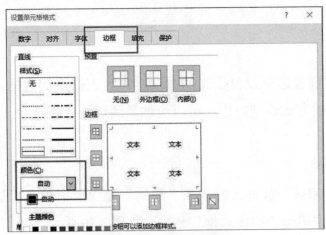

图2-76 设置线条颜色

3.设置并应用线条样式。

在"样式"列表框中选择线条样式,单击"外边框"按钮应用线条样式,最后单击"确定"按钮,如图2-77所示。

图2-77 设置并应用线条样式

4.查看效果。

返回到工作表中,即可查看到添加的外边框效果,如图2-78所示。

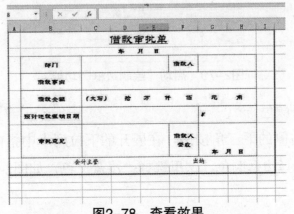

图2-78 查看效果

实训 3 绘制边框

用户不仅可以采用预置边框及自定义的边框样式为表格添加边框,还可以采用手动的方法绘制边框。采用手动的方式绘制边框,可以更加灵活地给区域或单元格设置边框。

◎【操作步骤】

1. 启动绘制边框功能。

打开"借款审批单.xlsx"素材文件,在"开始"选项卡中单击"边框"右侧的下三角按钮,从展开的下拉列表中单击"绘图边框"选项,如图2-79所示。

图2-79 启动"绘制边框"功能

2. 选择绘制边框线条颜色。

再次单击"边框"右侧的下三角按钮,在展开的下拉列表中指向"线条颜色"选项,再在其展开的下拉列表中选择边框颜色,这里选择"浅蓝"色,如图2-80所示。

图2-80　选择绘制边框线条颜色

3. 选择绘制边框线条样式。

再次单击"边框"右侧的下三角按钮，在展开的下拉列表中指向"线型"选项，再在其展开的下拉列表中选择边框线型，这里选择双线条，如图2-81所示。

图2-81　选择绘制边框线条样式

4. 绘制外边框。

此时的鼠标指针变成了笔状，按住鼠标左键，从表格的左上方向其右下方进行拖动，绘制出表格的外边框。拖曳至目标位置后释放鼠标左键即可。

5．绘制内边框。

再次选择一种线条颜色和线条样式，然后按住鼠标左键，在第三行下方进行拖曳，绘制出一条横线。

6．边框绘制完毕后的表格最终效果如图2-82所示。

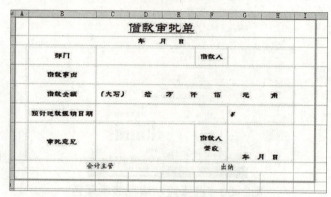

图2-82　绘制完毕效果图

案例 2.5.2　添加底纹

给表格中某些特殊单元格添加合适的底纹，以突出表格中的数据或对表格进行美化。

常用的填充表格底纹的方式有两种：一是用功能面板中的底纹填充按钮；二是用对话框来实现。下面分别对这两种方法进行相应的介绍。

实训 1　用功能面板中的按钮添加底纹

选择目标单元格或单元格区域，单击"填充颜色"按钮右侧的下拉按钮，在弹出的拾色器中选择相应的颜色选项，如图2-83所示。

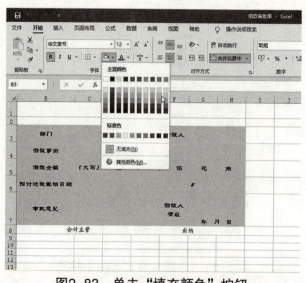

图2-83　单击"填充颜色"按钮

要清除表格中填充的底纹，只需单击"填充颜色"按钮右侧的下拉按钮，选择"无填充"选项即可，如图2-84所示。

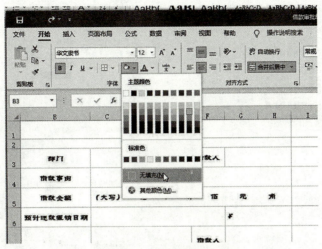

图2-84　清除填充底纹

实训2　用对话框添加底纹

选择目标单元格或单元格区域，打开"设置单元格格式"对话框，在"填充"选项卡中进行相应的设置，最后确认即可，如图2-85所示。

图2-85　用对话框添加底纹

实训3　设置图案填充效果

要设置图案填充效果，只需在"填充"选项卡中分别选择图案样式、图案颜色，最后确定即可。

实训4　设置单元格的填充效果

单元格底纹不仅可以设置单一的填充颜色，也可以像一般图形一样，设置渐变填充效果。其具体操作方法如下：

打开"设置单元格格式"对话框，切换到"填充"选项卡，单击"填充效果"按钮，在打开的"填充效果"对话框中进行相应的设置，如图2-86所示。

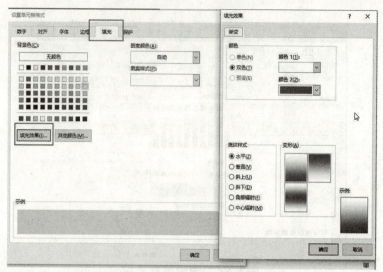

图2-86 设置单元格的填充效果

学习任务2.6　套用样式美化表格

套用样式美化表格就是将系统中的表格样式直接应用到相应的表格中，实现快速设置和美化表格的目的，提高工作效率。

案例2.6.1 自动套用表格样式

只要用户选择了系统中相应的表格样式，系统就会自动套用这类表格样式，不需要用户再进行其他操作。

下面通过为"日常开支费用表"套用一种表格样式来讲解相关操作。

◎【操作步骤】

1. 选择表格样式。

打开"日常开支费用表.xlsx"素材文件，单击"样式"组中的"套用表格格式"下拉按钮，选择表格样式选项，如图2-87所示。

学习任务2.6 套用样式美化表格

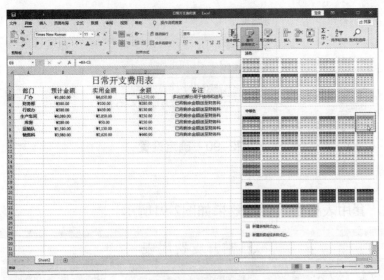

图2-87 选择表格样式

2. 折叠对话框。

在打开的"创建表"对话框中,单击"折叠"按钮,折叠对话框,如图2-88所示。

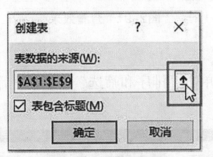

图2-88 折叠对话框

3. 展开对话框。

在工作表中选A2:E9单元格区域,单击"展开"按钮,如图2-89所示。

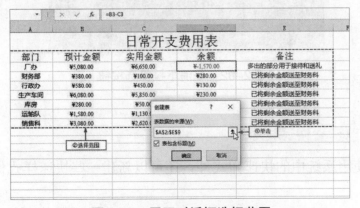

图2-89 展开对话框选择范围

4. 确定设置。

返回到"创建表"对话框中,选中"表包含标题"复选框,单击"确定"按钮,确认套用格式,如图2-90所示。

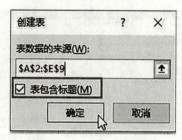

图2–90 确定设置

5. 查看效果。

返回到工作表，套用表格格式后的效果如图2-91所示。

日常开支费用表

部门	预计金额	实用金额	余额	备注
厂办	¥5,080.00	¥6,650.00	¥-1,570.00	多出的部分用于接待和送礼
财务部	¥380.00	¥100.00	¥280.00	已将剩余金额送至财务科
行政办	¥580.00	¥450.00	¥130.00	已将剩余金额送至财务科
生产车间	¥6,080.00	¥5,850.00	¥230.00	已将剩余金额送至财务科
库房	¥280.00	¥50.00	¥230.00	已将剩余金额送至财务科
运输队	¥1,580.00	¥1,130.00	¥450.00	已将剩余金额送至财务科
销售科	¥3,080.00	¥2,620.00	¥460.00	已将剩余金额送至财务科

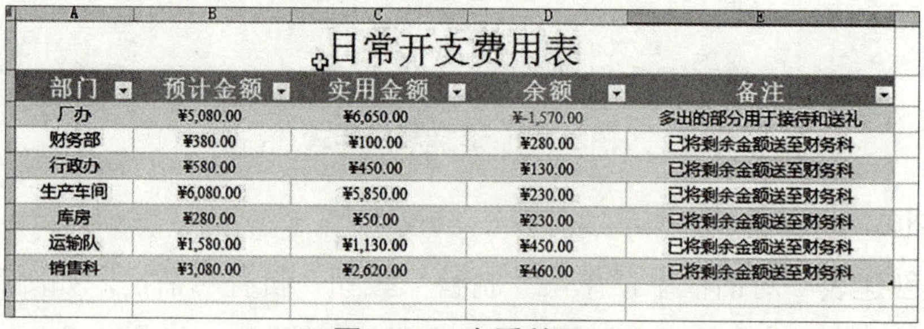

图2–91 查看效果

6. 取消下拉筛选按钮。

切换到“数据”选项卡，单击“排序和筛选”组中的“筛选”按钮，取消标题行中的下拉筛选按钮，如图2-92所示。

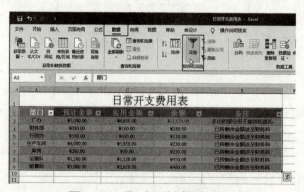

图2–92 取消下拉筛选按钮

案例 2.6.2 自定义快速样式

除了可以直接使用系统中的快速样式外，还可以新建一些快速样式保存在系统中，方便再次使用。

下面通过新建一个名叫“自定义样式”的快速表格样式来讲解相关操作。

◎【操作步骤】

1. 选择“新建表样式”命令。

打开“日常开支费用表.xlsx”素材文件，单击“套用表格格式”下拉按钮，选择“新建表格样式"命令，如图2-93所示。

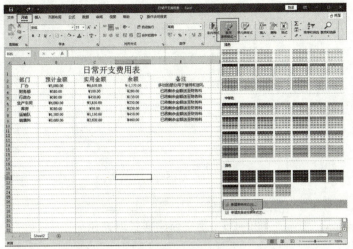

图2-93　选择"新建表格样式"命令

● 【注意事项】新建表格样式将保存在表格样式最上方的位置，用户要将新建的样式用于表格中，还需再执行套用表格样式操作。

2. 定义新建样式名称。

在打开的"新建表样式"对话框的"名称"文本框中输入"自定义样式"，选择"第一行条纹"选项，单击"格式"按钮，如图2-94所示。

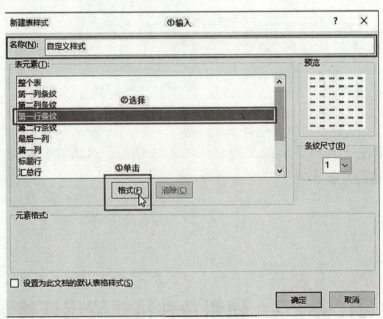

图2-94　定义新建样式名称

3. 定义新建样式填充色。

在打开的"设置单元格格式"对话框中，切换到"填充"选项卡，在"背景色"区域选择颜色选项，单击"确定"按钮，如图2-95所示。

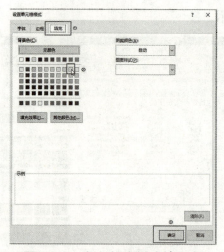

图2-95 定义新建样式填充色

4. 确定新建样式。

以同样的方法设置第二行条纹、标题行以及汇总行的格式，最后单击"确定"按钮，如图2-96所示。

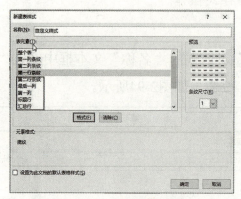

图2-96 确定新建样式

● 【温馨提示】若要将表格样式设置为默认的表格样式，只需在"新建表样式"对话框中选中"设置为此文档的默认表样式"复选框即可。

学习任务2.7　使用条件格式突出表格数据

在Excel中应用条件格式，可以让满足特定条件的单元格以醒目方式突出显示，便于我们对工作表数据进行更好的比较和分析。

学习任务 2.7 使用条件格式突出表格数据

案例 2.7.1 设置条件格式

◎【操作步骤】

1. 打开素材文件"商品房交易环比表.xlsx",在"Sheet1"工作表中,选中要添加条件格式的单元格或单元格区域,这里选中C5:C13单元格区域,如图2-97所示。

图2-97 打开素材文件

2. 单击"开始"选项卡"样式"组中的"条件格式"按钮,在展开的列表中列出了5种条件规则,选择某个规则,这里选择"突出显示单元格规则",然后在其子列表中选择某个条件,这里选择"大于",如图2-98所示。

图2-98 选择格式条件

3. 在打开的对话框中设置具体的"大于"条件值,并设置大于该值时的单元格显示的格式,单击"确定"按钮,即可对所选单元格区域添加条件格式,如图2-99所示。

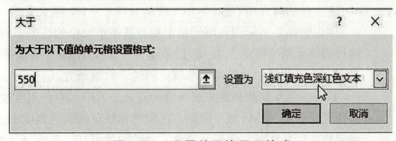

图2-99 设置单元格显示格式

4. 本例效果如图2-100所示。

73

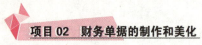

图2-100　设置完成效果

案例 2.7.2 清除设置的条件格式

要删除条件格式，可先选中应用了条件格式的单元格或单元格区域，然后在"条件格式"列表中单击"清除规则"项，在展开的列表中选择"清除所选单元格的规则"项，如图2-101所示；若选择"清除整个工作表的规则"项，可以清除整个工作表的条件格式。

图2-101　清除条件格式

● 【温馨提示】Excel 2019 提供了 5 种条件规则，各规则的意义见表 2-1。

表2-1　条件规则

条件规则	说明
突出显示单元格规则	突出显示所选单元格区域中符合特定条件的单元格
最前/最后规则	突出显示前n项（前n%项）或后n项（后n%项）数据
数据条	使用数据条来标识各单元格中相对其他单元格的数据值的大小。数据条的长度代表单元格中值的大小。数据条越长，表示值越高；数据条越短，表示值越低。在观察大量数据中的较高值和较低值时，数据条尤其有用
色阶	是用颜色深浅的刻度来表示值的高低。其中，双色刻度使用两种颜色的渐变来帮助比较单元格区域。例如，在绿色和红色的双色刻度中，可以指定较高值单元格的颜色更绿，而较低值单元格的颜色更红。三色刻度使用三种颜色的渐变来帮助比较单元格区域，颜色的深浅表示值的高、中、低

图标集	使用图标集可以对数据进行注释,并可以按阈值将数据分为 3 ~ 5 个类别,每个图标代表一个值的范围

综合实训 2.8 财务单据的制作和美化

实训任务 2.8.1 调整借款单表结构

● 【练习目的】熟练掌握工作表单元格、行和列的基本操作。

利用本章所学的知识调整借款单工作表,并在其中进行插入和删除行或列、合并单元格等操作。

● 【制作效果】参见素材文件:"借款单.xlsx",如图 2-102 所示。

图 2-102 借款单

实训任务 2.8.2 制作生产进度跟踪表

● 【练习目的】熟练掌握单元格数据的输入方法。

利用本章所学的知识制作生产进度跟踪表,并在其中进行数据的输入、自定义序列的填充等操作。

● 【制作效果】参见素材文件:"生产进度跟踪表.xlsx",如图 2-103 所示。

生产车间	组别	星期一	星期二	星期三	星期四	星期五	星期六	周总计
一车间	A组	126	143	111	140	147	143	810
	B组	127	145	131	125	126	145	799
	C组	132	125	145	138	131	145	816
	D组	129	145	136	148	123	146	827
二车间	A组	147	123	132	131	140	131	804
	B组	116	145	125	145	138	125	794
	C组	119	131	125	131	131	122	759
	D组	145	132	119	125	116	140	777
三车间	A组	138	138	131	120	131	119	777
	B组	125	131	125	125	131	131	768
	C组	150	134	131	143	145	148	851
	D组	115	116	113	114	125	142	725

图 2-103 素材文件"生产进度跟踪表"

实训任务 2.8.3 设置单元格格式

● 【练习目的】熟练掌握单元格格式的设置方法。

利用本章所学的知识设置单元格格式，体验不同条件规则下的单元格格式效果，以便突出显示特殊数据，使表格中数据所代表的信息一目了然。要求设置单元格格式中的字体、字形、字号、边框、底纹、条件格式等。

● 【制作效果】参见素材文件："商品房交易环比表.xlsx"中"Sheet4"工作表，如图2-104所示。

	2011某区预售商品房交易环比情况表							
	商品房				其中:商品住房			
	成交宗数	环比（%）	交易均价（元/m²）	环比（%）	成交宗数	环比（%）	交易均价（元/m²）	环比（%）
1月	314	-44.03	￥4,195.71	1.02	256	-43.36	￥4,053.41	0.13
2月	301	-4.14	￥3,929.01	-6.36	246	-3.91	￥3,857.95	-4.82
3月	779	158.8	￥3,926.31	-0.07	626	154.47	￥3,820.76	-0.96
4月	582	-25.29	￥3,860.37	-1.68	556	-11.18	￥3,828.01	0.19
5月	913	56.87	￥3,905.94	1.18	788	41.73	￥3,868.07	1.05
6月	1119	22.56	￥4,089.82	4.71	1060	34.52	￥4,014.37	3.78
7月	914	-18.32	￥4,194.42	2.56	882	-16.79	￥4,111.45	2.42
8月	618	-32.39	￥4,076.76	-2.81	608	-31.07	￥4,012.21	-2.41
9月	462	-25.24	￥4,717.46	15.72	379	-37.66	￥4,372.56	8.98

图2-104 素材文件"商品房交易环比表"

项目 03 财务数据查询和凭证打印

项目描述

本项目主要介绍数据排序、筛选和打印等相关知识,其中排序可以使表格中的数据变得井然有序,而筛选可以让用户更加方便地对数据进行查阅,打印能将电子表格变成纸质表格。

学习目标

- 掌握数据排序的操作
- 掌握数据筛选的操作
- 掌握打印设置和预览的操作
- 掌握查找引用类函数
- 掌握数据的统计类函数
- 掌握数据的排序函数

实训任务

- 单个关键字排序
- 多个关键字排序
- 自定义排序
- 按关键字筛选数据
- 自定义筛选数据
- 高级筛选数据
- 设置打印页面格式
- 设置纸张方向、纸张尺寸和边距
- 添加页眉页脚
- 预览并打印表格

学习任务 3.1　让财务数据井然有序

在表格中输入一些财务数据后,要对这些数据进行管理,使其呈现出条理性和规范性,而不能像流水账。

案例 3.1.1　单个关键字排序

单个关键字排序就是按照一个关键字来排列数据顺序。下面通过在"销量提成表"工作簿中对销量进行降序排列来介绍相关操作。

将素材文件中的"销量提成表.xlsx"中的工作表数据按照"销量"进行降序排列。

◎【操作步骤】

1.单击"排序"按钮。

打开"销量提成表.xlsx"素材文件,选择"销量"列中的任意单元格,单击"数据"选项卡中的"排序"按钮,如图3-1所示。

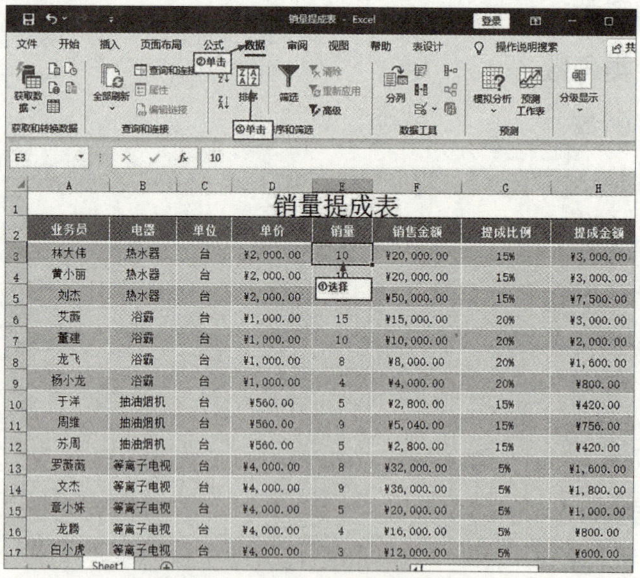

图3-1　单击"排序"按钮

2.选择主要关键字。

在打开的"排序"对话框中,单击"主要关键字"下拉按钮,选择"销量"选项,如图3-2所示。

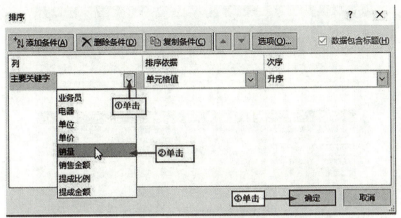

图3-2 选择主要关键字

3.选择次序。

单击"次序"下拉按钮，选择"降序"选项，单击"确定"按钮，如图3-3所示。

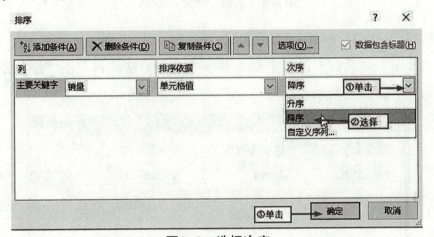

图3-3 选择次序

案例 3.1.2 多个关键字排序

多个关键字排序也叫作多条件排序，就是当第一个关键字中出现相同的数据时，系统再按第二个关键字进行排序。

将素材文件"销量提成表1.xlsx"中的工作表数据按照"销量"进行降序排列，再按"提成金额"进行升序排列。

◎【操作步骤】

1.单击"排序"按钮。

打开"销量提成表1.xlsx"素材文件，选择任意数据单元格，单击"数据"选项卡中的"排序"按钮，如图3-4所示。

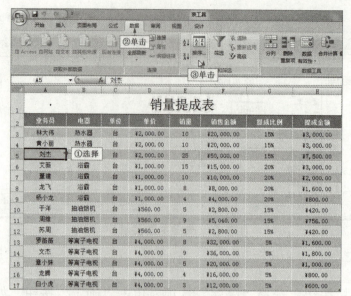

图3-4 单击"排序"按钮

2.添加条件。

在打开的"排序"对话框中设置主要关键字的排序方法，再单击"添加条件"按钮，设置次要关键字条件，如图3-5所示。

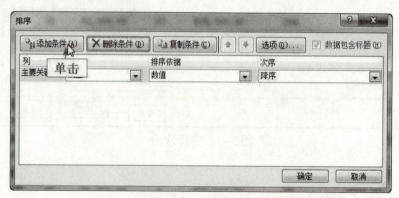

图3-5 添加条件

3.切换选项卡。

单击"次要关键字"下拉列表按钮，选择"提成金额"选项，其他设置保持默认不变，最后单击"确定"按钮，如图3-6所示。

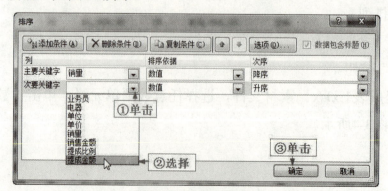

图3-6 切换选项卡

案例 3.1.3 自定义排序

自定义排序就是用户自己来定义排序的条件，系统根据设置的条件对数据进行排列。

将素材文件"考勤工资.xlsx"中的工作表数据按照"员工岗位"进行级别高低排序。

◎【操作步骤】

1.选择"自定义排序"命令。

打开"考勤工资.xlsx"素材文件，在任意数据单元格上右击，选择"排序"→"自定义排序"命令，如图3-7所示。

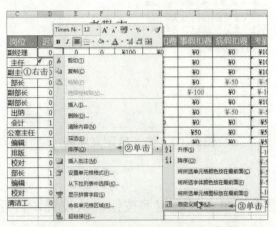

图3-7 选择"自定义排序"命令

2.选择主要关键字。

单击"主要关键字"下拉列表按钮，选择"岗位"选项，如图3-8所示。

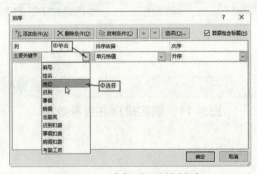

图3-8 选择主要关键字

3.选择排序方式。

单击"次序"下拉列表按钮，选择"自定义序列"命令，如图3-9所示。

图3-9 选择排序方式

4.输入自定义序列。

在打开的"自定义序列"对话框中的"输入序列"文本框中输入自定义序列，单击"添加"按钮，再单击"确定"按钮，如图3-10所示。

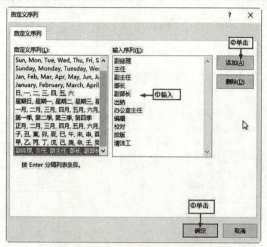

图3-10　输入自定义序列

5.确定排序并查看效果。

返回到"排序"对话框中，单击"确定"按钮确认设置，再返回到工作表中，即可查看到自定义排序的效果，如图3-11所示。

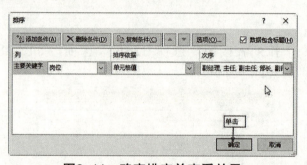

图3-11　确定排序并查看效果

● 【妙招】删除条件

在"排序"对话框中，选择要删除的条件选项，单击"删除条件"按钮，最后单击"确定"按钮，即可将其删除，如图3-12所示。

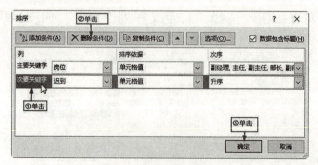

图3-12　删除条件

案例 3.1.4 恢复排序前序列

对数据进行排序并对其进行操作后，还可将数据恢复到排序前的序列。

打开素材文件"销量提成表6.xlsx"工作簿，对工作表中销售金额大于20 000元的数据的提成比例进行上调，然后将数据序列恢复到最初状态。

◎【操作步骤】

1.添加辅助列。

打开"销量提成表6.xlsx"素材文件，在表格中添加辅助列，切换到"数据"选项卡，如图3-13所示。

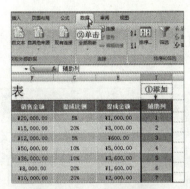

图3-13　添加辅助列

2.设置排序主要关键字。

单击"排序"按钮，打开"排序"对话框，设置"主要关键字"为"提成金额"，如图3-14所示。

图3-14　设置排序主要关键字

3.设置排序依据。

单击"排序依据"下拉按钮，选择"单元格值"选项，如图3-15所示。

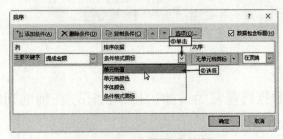

图3-15　设置排序依据

4.设置次序方式。

单击"次序"下拉按钮,选择"降序"选项,单击"确定"按钮,如图3-16所示。

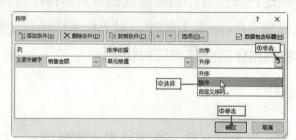

图3-16 设置次序方式

5.修改相应的数据。

在"提成比例"列中修改相应数据,选择添加的辅助列数据单元格区域,如图3-17所示。

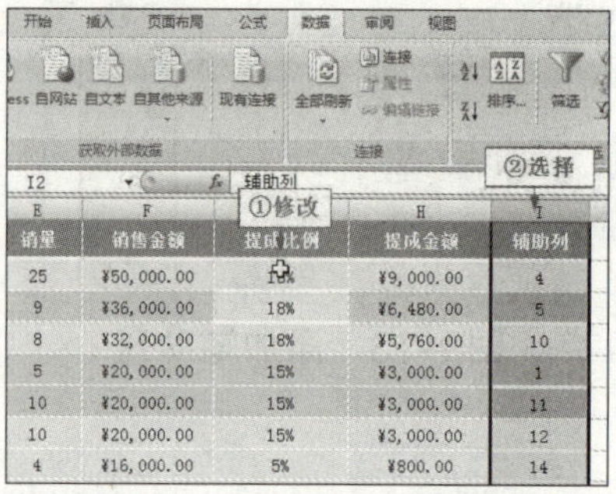

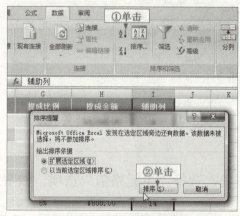

图3-17 修改相应的数据

6.对辅助列进行排序。

单击"升序"按钮,在打开的"排序提醒"对话框中,直接单击"排序"按钮,如图3-18所示。

图3-18 对辅助列进行排序

7.查看效果并选择命令。

在表格中即可查看到数据已恢复为开始的排列次序,在辅助列的任意单元格上右击,选择"删除"命令,如图3-19所示。

图3-19　查看效果并选择命令

8.设置删除对象。

在打开的"删除"对话框中选中"整列"单选按钮，单击"确定"按钮，如图3-20所示。

图3-20　设置删除对象

● 【妙招】按单元格颜色进行排序

按单元格颜色进行排序与按数值进行排序方法一样，只需在"排序"对话框中将"排序依据"设置为"单元格颜色"（对其他排序的方法一样有效），如图3-21所示。

图3-21　按单元格颜色进行排序

● 【长知识】使用内置序列进行排序

在Excel中有自带的内置序列，用户可直接将这些内置序列调出来使用，这不仅可以提高工作效率，而且能避免人为的误操作。

其具体操作方法为：打开"排序"对话框，在"次序"下拉列表中选择"自定义排序"命令，在打开的"自定义序列"列表框中选择序列选项，最后依次单击"确定"按钮即可。

如图3-22和图3-23所示。

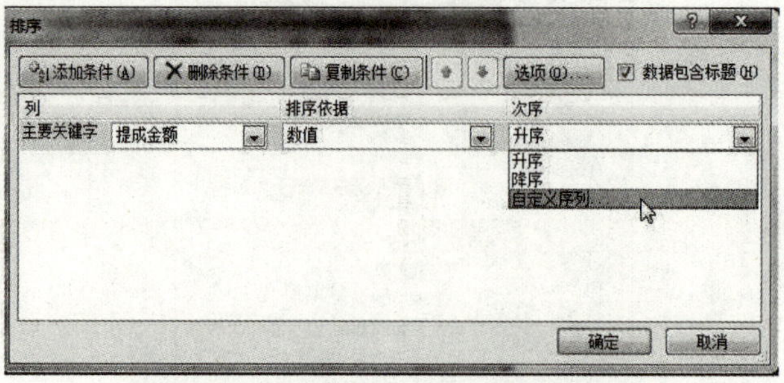

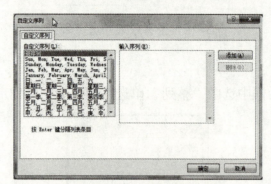

图3-22 选择"自定义排序"命令

图3-23 选择序列

学习任务 3.2 显示指定范围的财务数据

用户在查看工作表时，如果需要将其中一些有用的数据信息单独显示出来，则可以使用Excel的筛选功能来实现。下面将介绍筛选数据的方法。

案例 3.2.1 按关键字筛选数据

按关键字筛选既是筛选数据最基础的方法，也是最简单的方法，它能快速地筛选出需要的数据。

打开素材文件"销量提成表2.xlsx"工作簿，筛选出"热水器"的相关数据。

◎【操作步骤】

1.单击"筛选"按钮。

打开"销量提成表2.xlsx"素材文件，选择任意数据单元格，单击"数据"选项卡"排序和筛选"组中的"筛选"按钮，系统自动进入筛选状态，如图3-24所示。

图3-24 单击"筛选"按钮

2.取消全选状态。

单击"电器"单元格右侧的下拉按钮,在弹出的筛选器中取消选中"全选"复选框,取消全部选中状态,如图3-25所示。

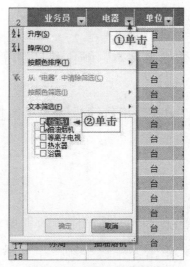

图3-25 取消全选状态

3.选中筛选条件。

选中"热水器"复选框,然后单击"确定"按钮,确认条件即可,如图3-26所示。

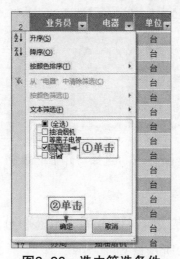

图3-26 选中筛选条件

4.查看效果。

返回到工作表中，即可查看到系统将“热水器”的数据信息筛选出来了，如图3-27所示。

销量提成表

业务员	电器	单位	单价	销量	销售金额	提成比例	提成金额
刘杰	热水器	台	¥2,000.00	25	¥50,000.00	15%	¥7,500.00
林大伟	热水器	台	¥2,000.00	10	¥20,000.00	15%	¥3,000.00
黄小丽	热水器	台	¥2,000.00	10	¥20,000.00	15%	¥3,000.00

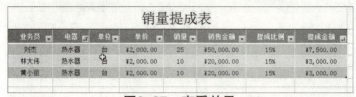

图3-27　查看效果

● 【专家提醒】退出筛选

如果退出数据的筛选状态，可再次单选“数据”选项卡中的“筛选”按钮。

案例 3.2.2 自定义筛选数据

自定义筛选能将满足条件的数据、文本、颜色和日期等信息筛选出来，相对于按关键字筛选，其功能要强大一些。

打开素材文件“销量提成表3.xlsx”工作簿，筛选出销售金额在30 000~50 000元的数据信息。

◎【操作步骤】

1.选择“介于”命令。

打开“销量提成表3.xlsx”素材文件，选择任意数据单元格，单击“数据”选项卡“排序和筛选”组中的“筛选”按钮，单击“销售金额”单元格右侧的下拉按钮，选择“数字筛选”→“介于”命令，如图3-28所示。

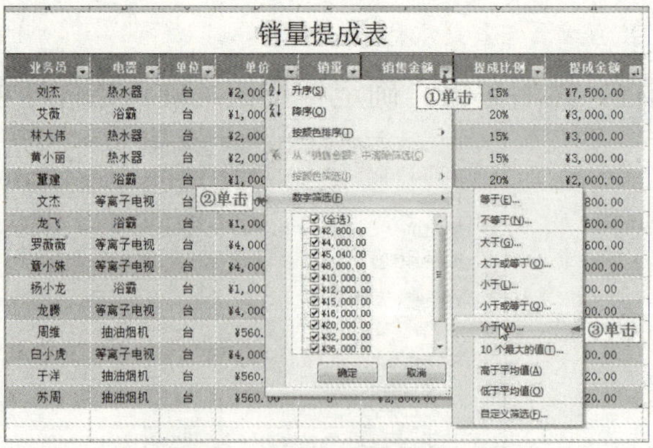

图3-28　选择“介于”命令

2.设置筛选参数。

在打开的“自定义自动筛选方式”对话框的文本框中分别输入“30 000”和“50 000”，最后单击“确定”按钮，如图3-29所示。

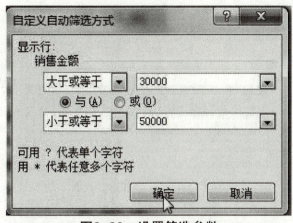

图3-29 设置筛选参数

3.查看效果。

返回到工作表中,即可查看到系统已筛选出30 000~50 000元的数据信息,如图3-30所示。

图3-30 查看效果

案例 3.2.3 高级筛选数据

高级筛选用于条件较复杂的筛选操作,其筛选结果可显示在原数据表格中,不符合条件的记录被隐藏起来,也可以在新的位置显示筛选结果,不符合条件的记录同时保留在数据表中,从而便于进行数据的对比。筛选条件需要用户手动设置。

在高级筛选中,筛选条件又可分为多条件筛选和多选一两种。

一、多条件筛选

多条件筛选是指查找出同时满足多个条件的记录。例如,要将"销量提成表4.xlsx"中"销售金额"大于等于15 000元,同时"提成比例"大于等于10%,且"提成金额"大于等于3 000元的记录筛选出来。

◎【操作步骤】

1.输入筛选条件。

打开"销量提成表4.xlsx"素材文件,在空白单元格中输入筛选条件,单击"数据"选项卡"排序和筛选"组中的"高级"按钮,如图3-31所示。

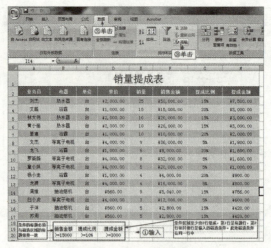

图3-31 输入筛选条件

2.设置列表区域。

在打开的"高级筛选"对话框的"列表区域"文本框中输入"A2:H17",单击"条件区域"文本框后的"折叠"按钮,如图3-32所示。

图3-32 设置列表区域

为了让筛选出来的结果保持唯一性,也就是没有重复项,可以在"高级筛选"对话框中选中"选择不重复的记录"复选框,如图3-33所示。

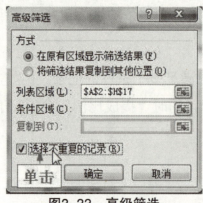

图3-33 高级筛选

3.选择条件区域。

在工作表中选择设置筛选条件单元格区域,这里选择B19:D20单元格区域,单击"展开"按钮,如图3-34所示。

图3-34 选择条件区域

在设置条件区域时,不仅要有对应的列标签,而且设置的条件内容必须用引用符号引起来,否则系统不能正常识别。对于数字条件来说,可直接在单元格中输入表达式。

4.确认设置。

返回到"高级筛选"对话框中,直接单击"确定"按钮确认设置,并返回到工作表中,系统会自动将符合条件的数据筛选出来,如图3-35所示。

图3-35 确认设置

5.查看效果并删除条件。

返回到工作表中,即可查看到筛选的结果,如图3-36所示。选择条件区域并在其上右击,选择"清除内容"命令,如图3-37所示。

图3-36 查看效果

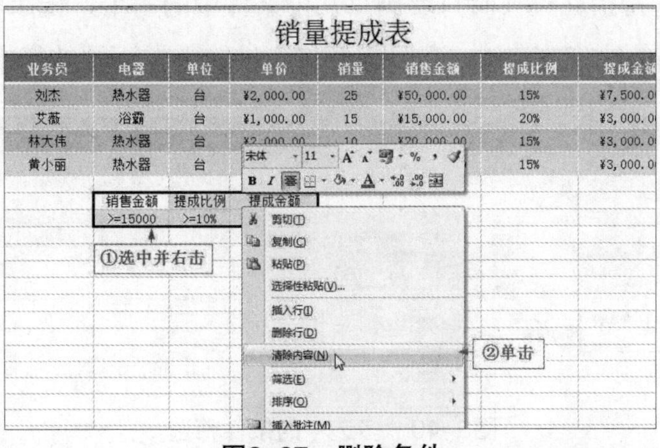

图3-37 删除条件

如果在进行高级筛选后，又想显示出全部数据，只需在"高级筛选"对话框中将设置的条件删除，再单击"确定"按钮即可，如图3-38所示。

图3-38　显示全部数据

将筛选结果复制到其他指定的位置，只是在原数据区域中找到符合条件的数据，再复制到新的位置，而不会对原数据进行任何操作，也就是说，原来的数据会保持不变。其具体操作方法为：在"高级筛选"对话框中选中"将筛选结果复制到其他位置"单选按钮，设置"复制到"的引用位置，单击"确定"按钮，如图3-39所示。

图3-39　复制数据

二、多选一的条件筛选

多选一的条件筛选是指在查找时只要满足几个条件中的一个，记录就会显示出来。多选一的条件筛选的操作与多条件筛选类似，只是需要将条件输入在不同的行中，如图3-40所示。

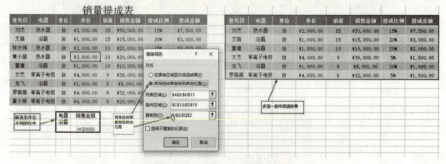

图3-40　多选一的条件筛选

学习任务 3.3　设置财务凭证单据打印样式

财务单据不仅需要电子的，而且需要将其打印成纸质的单据，这样不仅方便报账，而且可以将其存档作为财务依据。

案例 3.3.1　设置打印页面格式

打开素材文件"收据单.xlsx"工作簿，将工作表内容进行手动分页。

◎【操作步骤】

1. 切换视图模式。

打开"收据单.xlsx"素材文件，切换到"视图"菜单，单击"工作簿视图"组中的"分页预览"按钮，切换到分页预览视图，如图3-41所示。

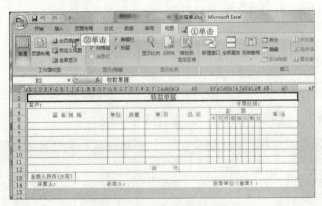

图3-41　切换视图模式

2. 设置缩放比例。

单击"缩放比例"组中的"缩放比例"按钮，在打开的"显示比例"对话框中选择"100%"，单击"确定"按钮，如图3-42所示。

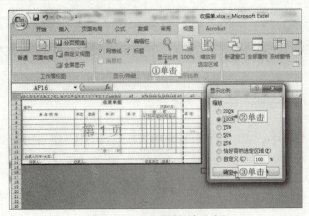

图3-42　设置缩放比例

3. 手动分页。

在工作表中将鼠标指针移到蓝色分页虚线上，按住鼠标左键不放，拖动鼠标到右边的边框上，释放鼠标，即可将2页变成1页，如图3-43所示。

图3-43　手动分页

案例 3.3.2　设置纸张方向、纸张尺寸和边距

打开素材文件"收据单1.xlsx"工作簿，纸张方向设置成横向，纸张尺寸设置成A4，边距为上、下各2.0厘米，左、右各2.5厘米。

◎【操作步骤】

1. 设置纸张方向。

打开素材文件"收据单1.xlsx"工作簿，切换到"页面布局"选项卡，单击"页面设置"组中的"纸张方向"按钮，选择"横向"，如图3-44所示。

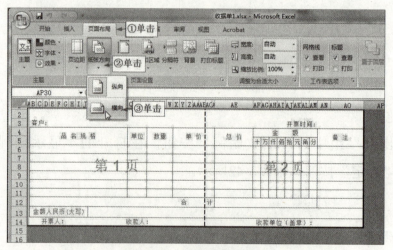

图3-44　设置纸张方向

2. 设置纸张尺寸。

在"页面布局"选项卡中，单击"页面设置"组中的"纸张大小"按钮，选择"A4"，如图3-45所示。

学习任务 3.3　设置财务凭证单据打印样式

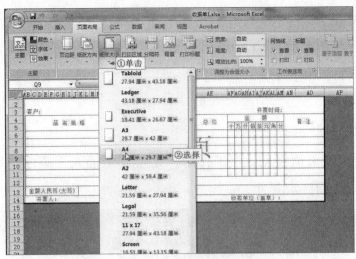

图3-45　设置纸张尺寸

3. 设置边距。

在"页面布局"选项卡中，单击"页面设置"组中的"页边距"按钮，选择"自定义边距"选项，如图3-46所示。在打开的"页面设置"对话框中，将边距设为上、下各2.0厘米，左、右各2.5厘米，然后单击"确定"按钮，如图3-47所示。

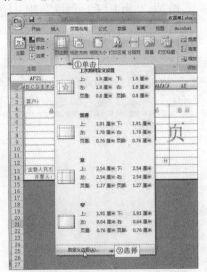

图3-46　单击"页边距"按钮

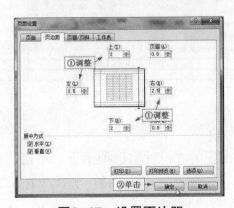

图3-47　设置页边距

案例 3.3.3 添加系统内置的页眉页脚

打开素材文件"资产负债表.xlsx"工作簿，将页眉设置为"资产负债表"，在页脚设置页码，格式为"第1页，共？页"。

◎【操作步骤】

1. 进入页眉页脚编辑状态。

打开素材文件"资产负债表.xlsx"工作簿，切换到"插入"菜单，单击"文本"组中的"页眉和页脚"按钮，如图3-48所示。

图3-48　进入页眉页脚编辑状态

2. 添加页眉。

在出现的"设计"选项卡下，单击"页眉和页脚"组中的"页眉"按钮，选择"资产负债表"，如图3-49所示。可以看到工作表页眉的位置上添加了"资产负债表"几个字。

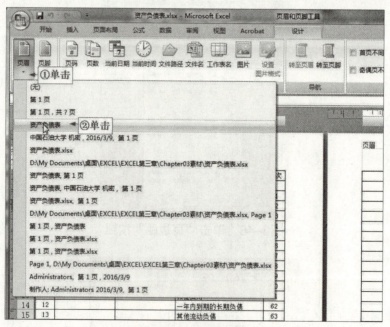

图3-49　添加页眉

3. 添加页脚。

单击工作表页脚位置，在出现的"设计"选项卡下，单击"页眉和页脚"组中的"页脚"按钮，选择"第1页，共？页"，如图3-50所示。可以看到工作表页脚的位置上添加了页码。

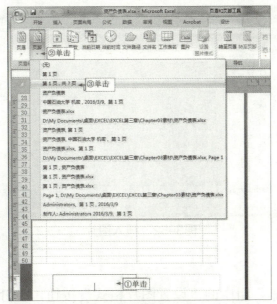

图3-50 添加页脚

案例 3.3.4 添加自定义的页眉页脚

打开素材文件"资产负债表1.xlsx"工作簿，将页眉左侧设置为图片（素材"资产.jpg"），图片高度为0.56厘米，宽度为0.75厘米。将页眉中间设置为工作表名，字体格式为黑体、22号，将页眉右侧设置为当前日期；将页脚中间设置为页码。

◎【操作步骤】

1.进入页眉页脚编辑状态。

打开素材文件"资产负债表1.xlsx"工作簿，切换到"插入"菜单，单击"文本"组中的"页眉和页脚"按钮，同案例3.3.3的步骤1。

2.添加左页眉

单击页眉左侧，在出现的"设计"选项卡下，单击"页眉和页脚元素"组中的"图片"按钮，如图3-51所示。在打开的"插入图片"对话框中，找到素材文件"资产.jpg"，单击"插入"按钮，如图3-52所示。

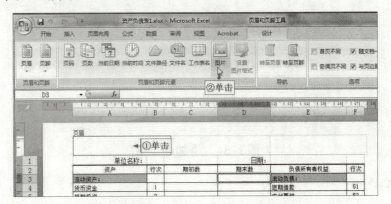

图3-51 单击"图片"按钮

图3-52 插入图片

3. 设置页眉图片格式。

单击"页眉和页脚元素"组中的"设置图片格式"按钮，在打开的"设置图片格式"对话框中，按要求将图片高度设为0.56厘米，宽度设为0.75厘米，如图3-53所示。

图3-53 设置页眉图片格式

4. 添加中页眉。

单击页眉中部，单击"页眉和页脚元素"组中"工作表名"按钮，如图3-54所示。

图3-54 添加中页眉

5. 设置文字格式。

单击"开始"选项卡，在"字体"组中，将文字字体格式调整为黑体、22号，如图3-55

所示。

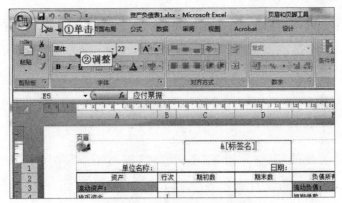

图3-55　设置文字格式

6. 添加右页眉。

单击页眉右侧，单击"页眉和页脚元素"组中"当前日期"按钮，如图3-56所示。

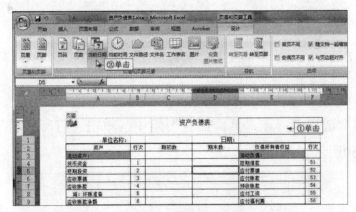

图3-56　添加右页眉

7. 添加页脚。

单击工作表页脚位置的中部，在出现的"设计"选项卡下，单击"页眉和页脚元素"组中的"页码"按钮，如图3-57所示。

图3-57　添加页脚

案例 3.3.5 设置打印部分

打开素材文件"考勤工资.xlsx"工作簿,将A1:K10单元格区域设置为打印区域。

◎【操作步骤】

1. 选择打印区域。

打开素材文件"考勤工资.xlsx"工作簿,选择A1:K10单元格区域为打印区域,如图3-58所示。

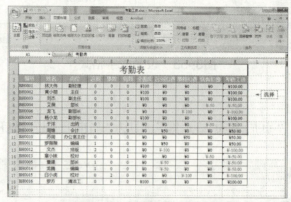

图3-58　选择打印区域

2. 设置打印区域。

单击"页面布局"选项卡,在"页面设置"组中,单击"打印区域"按钮,选择"设置打印区域",如图3-59所示。

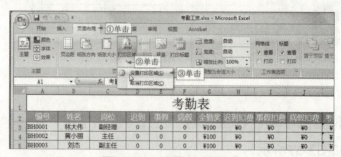

图3-59　设置打印区域

3. 查看设置效果。

我们看到工作表中A1:K10单元格区域设置为打印区域,如图3-60所示。

图3-60　查看设置效果

案例 3.3.6 设置重复打印标题

打开素材文件"固定资产盘点表.xlsx"工作簿，将第一行的标题设置为重复打印标题。

◎【操作步骤】

1. 打开"页面设置"对话框。

单击"页面布局"选项卡，单击"页面设置"组中的"打印标题"按钮，如图3-61所示，打开"页面设置"对话框。

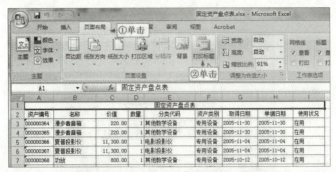

图3-61 单击"打印标题"按钮

2. 设置重复打印标题。

在打开的"页面设置"对话框中，打开"工作表"选项卡，单击"顶端标题行"一格右侧的"展开"按钮，输入需要重复的标题区域，单击"展开"按钮回到"页面设置"对话框，单击"确定"按钮，如图3-62和图3-63所示。

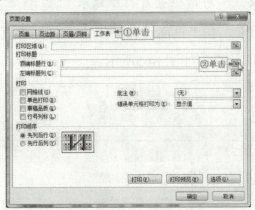

图3-62 单击"工作表"选项卡

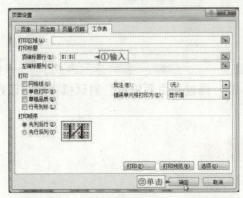

图3-63 输入需要重复的标题区域

案例 3.3.7 预览打印效果

预览案例3.3.6中的工作表进行打印设置后的打印效果。

◎【操作步骤】

● 【方法一】通过"Office"按钮查看打印效果

单击"Office"按钮，单击"打印"命令，选择"打印预览"按钮，即可查看打印效果，如图3-64所示。

图3-64 通过"Office"按钮查看打印效果

● 【方法二】通过"页面设置"对话框查看打印效果

单击"页面布局"选项卡，在"页面设置"组中，打开"页面设置"对话框，单击"打印预览"按钮，即可查看打印效果，如图3-65所示。

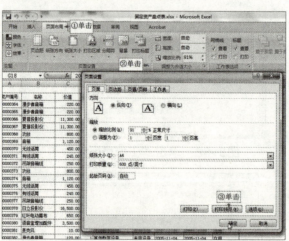

图3-65 通过"页面设置"对话框查看打印效果

案例 3.3.8 设置打印份数

将案例3.3.6中工作表打印份数设置为3份。

◎【操作步骤】

1. 打开"打印内容"对话框。

单击"Office"按钮,单击"打印"命令,选择"打印",如图3-66示,打开"打印内容"对话框。

图3-66 打开"打印内容"对话框

2. 设置打印份数。

在打开的"打印内容"对话框中,设置打印份数为3份,单击"确定"按钮,如图3-67所示。

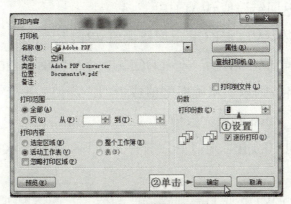

图3-67 设置打印份数

学习任务3.4 数据的检索查找函数

日常财务工作中,几乎每天都是在处理大量的表格和数据,烦琐的工作、满眼飞舞的数据,使很多财务人员感到厌倦。其实,正是由于很多人没有真正掌握利用Excel进行高效数据处理的技能和技巧,没有掌握那些最实用的Excel函数,才使得自己成为往返各个表格之间的数据搬运工，使出错概率大大提高，工作效率更是大打折扣。

案例 3.4.1 查找引用函数：VLOOKUP( )

【函数功能】VLOOKUP函数功能是搜索表区域首列满足条件的元素，确定待检索单元格在区域中的行序号，再进一步返回选定单元格的值。默认情况下，表是以升序排序的。

【函数格式】VLOOKUP(lookup_value , table_array , col_index_num, range_ lookup)

【参数说明】

①lookup_value为需要在表格数组（数组：用于建立可生成多个结果或可对在行和列中排列的一组参数进行运算的单个公式。数组区域共用一个公式；数组常量是用作参数的一组常量）第一列中查找的数值。lookup_value 可以为数值或引用。若 lookup_value 小于 table_array 第一列中的最小值，VLOOKUP 返回错误值 #N/A。

②table_array为两列或多列数据。使用对区域或区域名称的引用。table_array 第一列中的值是由lookup_value搜索的值。这些值可以是文本、数字或逻辑值。文本不区分大小写。

③col_index_num为table_array中待返回的匹配值的列序号。col_index_num为1时，返回table_array第一列中的数值；col_index_num为2时，返回table_array第二列中的数值，依此类推。如果 col_index_num：

小于1，VLOOKUP 返回错误值#VALUE!。

大于table_array 的列数，VLOOKUP 返回错误值 #REF!。

④range_lookup 为逻辑值，指定希望 VLOOKUP 查找精确的匹配值还是近似匹配值。

如果为 TRUE 或省略，则返回精确匹配值或近似匹配值。也就是说，如果找不到精确匹配值，则返回小于 lookup_value 的最大数值。

⑤table_array 第一列中的值必须以升序排序；否则，VLOOKUP 可能无法返回正确的值。

如果为 FALSE，VLOOKUP 将只寻找精确匹配值。在此情况下，table_array 第一列的值不需要排序。如果 table_array 第一列中有两个或多个值与 lookup_value 匹配，则使用第一个找到的值；如果找不到精确匹配值，则返回错误值 #N/A。

【注解】

在 table_array 第一列中搜索文本值时，请确保 table_array 第一列中的数据没有前导空格、尾部空格、直引号（' 或 "）与弯引号（' 或 "）不一致或非打印字符。否则，VLOOKUP 可能返回不正确或意外的值。

在搜索数字或日期值时，请确保 table_array 第一列中的数据未存储为文本值。否则，VLOOKUP 可能返回不正确或意外的值。

如果 range_lookup 为 FALSE 且 lookup_value 为文本，则可以在 lookup_value 中使用通配符、问号（?）和星号（*）。问号匹配任意单个字符；星号匹配任意字符序列。如果要查找实际的问号或星号，请在该字符前键入波形符（~）。

【示例1】VLOOKUP()函数应用示例1及结果说明，如图3-68所示。

	A	B	C
1	密度	粘度	温度
2	0.457	3.55	500
3	0.525	3.25	400
4	0.616	2.93	300
5	0.675	2.75	250
6	0.746	2.57	200
7	0.835	2.38	150
8	0.946	2.17	100
9	1.09	1.95	50
10	1.29	1.71	0
11	公式	说明（结果）	
12	=VLOOKUP(1,A2:C10,2)	使用近似匹配搜索 A 列中的值 1，在 A 列中找到小于等于 1 的最大值 0.946，然后返回同一行中 B 列的值。(2.17)	
13	=VLOOKUP(1,A2:C10,3,TRUE)	使用近似匹配搜索 A 列中的值 1，在 A 列中找到小于等于 1 的最大值 0.946，然后返回同一行中 C 列的值。(100)	
14	=VLOOKUP(0.7,A2:C10,3,FALSE)	使用精确匹配在 A 列中搜索值 0.7。因为 A 列中没有精确匹配的值，所以返回一个错误值。(#N/A)	
15	=VLOOKUP(0.1,A2:C10,2,TRUE)	使用近似匹配在 A 列中搜索值 0.1。因为 0.1 小于 A 列中最小的值，所以返回一个错误值。(#N/A)	
16	=VLOOKUP(2,A2:C10,2,TRUE)	使用近似匹配搜索 A 列中的值 2，在 A 列中找到小于等于 2 的最大值 1.29，然后返回同一行中 B 列的值。(1.71)	

图3-68　函数VLOOKUP（ ）示例1及结果说明

【示例2】VLOOKUP()函数应用示例2及结果说明，如图3-69所示。

	A	B	C	D
1	货品 ID	货品	成本	涨幅
2	ST-340	童车	￥145.67	30%
3	BI-567	围嘴	￥3.56	40%
4	DI-328	尿布	￥21.45	35%
5	WI-989	柔湿纸巾	￥5.12	40%
6	AS-469	吸出器	￥2.56	45%
7	公式	说明（结果）		
8	= VLOOKUP("DI-328", A2:D6, 3, FALSE) * (1 + VLOOKUP("DI-328", A2:D6, 4, FALSE))	涨幅加上成本，计算尿布的零售价。(￥28.96)		
9	= (VLOOKUP("WI-989", A2:D6, 3, FALSE) * (1 + VLOOKUP("WI-989", A2:D6, 4, FALSE))) * (1 - 20%)	零售价减去指定折扣，计算柔湿纸巾的销售价格 . (￥5.73)		
10	= IF(VLOOKUP(A2, A2:D6, 3, FALSE) >= 20, "涨幅为 " & 100 * VLOOKUP(A2, A2:D6, 4, FALSE) &"%", "成本低于 ￥20.00")	如果某一货品的成本大于或等于 ￥20.00，则显示字符串“涨幅为 nn%”；否则，显示字符串“成本低于 ￥20.00”。(涨幅为 30%)		
11	= IF(VLOOKUP(A3, A2:D6, 3, FALSE) >= 20, "涨幅为: " & 100 * VLOOKUP(A3, A2:D6, 4, FALSE) &"%", "成本为 ￥" & VLOOKUP(A3, A2:D6, 3, FALSE))	如果某一货品的成本大于或等于 ￥20.00，则显示字符串“涨幅为 nn%”；否则，显示字符串“成本为 ￥n.nn”。(成本为 ￥3.56)		

图3-69　函数VLOOKUP（ ）示例2及结果说明

【示例3】利用VLOOKUP()函数制作员工工资单。

◎【操作步骤】

1.打开素材“工资表.xlsx”,在工作表“工资单”的A2单元格中输入某职工的编号，再在B2单元格中输入公式，如图3-70所示。

	A	B	C	D
1	编号	姓名	部门	岗位
2	1	=VLOOKUP($A$2,工资!$A$2:$N$13,2,0)	人力资源部	助理
3				
4				
5				
6				
7				
8				
9				
10				

图3-70　在B2单元中输入公式

2．然后，分别在C2至N2单元格中输入如下公式。最终得到某职工的工资单，如图3-71所示。

C2=VLOOKUP(A3,员工工资!$A$3:$J$13,3,0）

D2=VLOOKUP(A3,员工工资!$A$3:$J$13,4,0）

E2=VLOOKUP(A3,员工工资!$A$3:$J$13,5,0)

F2=VLOOKUP(A3,员工工资!$A$3:$J$13,6,0)

……

N2=VLOOKUP(A3,员工工资!$A$3:$J$13,14,0)

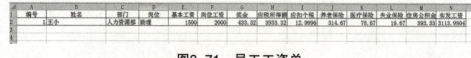

图3-71　员工工资单

案例 3.4.2　查找引用函数：INDEX( )

【函数功能】返回指定的行与列交叉处的单元格引用的值。如果引用由不连续的选定区域组成，可以选择某一选定区域。

【函数格式】INDEX(reference, row_num, [column_num], [area_num])

【参数说明】①reference：对一个或多个单元格区域的引用。

如果为引用输入一个不连续的区域，必须将其用括号括起来。

如果引用中的每个区域只包含一行或一列，则相应的参数 row_num 或 column_num 分别为可选项。例如，对于单行的引用，可以使用函数 INDEX(reference,,column_num)。

②row_num：引用中某行的行号，函数从该行返回一个引用。

③column_num：引用中某列的列标，函数从该列返回一个引用。

④area_num：选择引用中的一个区域，返回该区域中 row_num 和 column_num 的交叉区域。选中或输入的第一个区域序号为1，第二个为 2，依此类推。如果省略 area_num，则函数 INDEX 使用区域 1。

例如，如果引用描述的单元格为(A1:B4,D1:E4,G1:H4)，则 area_num 1 为区域 A1:B4，area_num 2 为区域 D1:E4，而area_num 3为区域 G1:H4。

reference 和 area_num 选择了特定的区域后，row_num 和 column_num 将进一步选择特定的单元格：row_num 1 为区域的首行，column_num 1 为首列，依此类推。函数 INDEX 返回的引用即为 row_num 和 column_num 的交叉区域。

如果将 row_num 或 column_num 设置为 0，函数 INDEX 分别返回对整列或整行的引用。

row_num、column_num 和 area_num 必须指向 reference 中的单元格；否则，函数 INDEX 返回错误值 #REF!。如果省略 row_num 和 column_num，函数 INDEX 返回由 area_num 所指定的引用中的区域。

函数INDEX的结果为一个引用，并且在其他公式中也被解释为引用。根据公式的需要，函数 INDEX 的返回值可以作为引用或是数值。例如，公式 CELL("width",INDEX(A1:B2,1,2))等价于公式 CELL("width",B1)。CELL 函数将函数 INDEX 的返回值作为单元格引用。而公式

2*INDEX(A1:B2,1,2)将函数 INDEX 的返回值解释为 B1 单元格中的数字。

【示例1】INDEX()函数应用示例1及结果说明，如图3-72所示。

	A	B
1	数据	数据
2	苹果	柠檬
3	香蕉	梨
4	公式	说明（结果）
5	=INDEX(A2:B3,2,2)	位于区域中第二行和第二列交叉处的数值（梨）
6	=INDEX(A2:B3,2,1)	位于区域中第二行和第一列交叉处的数值（香蕉）

图3-72　函数INDEX()示例1及结果说明

【示例2】函数INDEX()示例2及结果说明,如图3-73所示。

	A	B	C
1	水果	单价	计数
2	苹果	0.69	40
3	香蕉	0.34	38
4	柠檬	0.55	15
5	柑桔	0.25	25
6	梨	0.59	40
7			
8	杏	2.8	10
9	腰果	3.55	16
10	花生	1.25	20
11	胡桃	1.75	12
12	公式	说明（结果）	
13	=INDEX(A2:C6,2,3)	区域 A2:C6 中第二行和第三列的交叉处，即单元格 C3 的内容。(38)	
14	=INDEX((A1:C6,A8:C11),2,2,2)	第二个区域 A8:C11 中第二行和第二列的交叉处，即单元格 B9 的内容。(3.55)	
15	=SUM(INDEX(A1:C11,0,3,1))	对第一个区域 A1:C11 中的第三列求和，即对 C1:C11 求和。(216)	
16	=SUM(B2:INDEX(A2:C6,5,2))	返回以单元格 B2 开始到单元格区域 A2:A6 中第五行和第二列交叉处结束的单元格区域的和，即单元格区域 B2:B6 的和。(2.42)	

图3-73　函数INDEX()示例2及结果说明

在实际工作中，MATCH()函数和INDEX()函数经常联合在一起使用，以实现各种条件下的数据查找：先用MATCH()函数确定位置，再用INDEX()函数取数。

下面介绍MATCH()函数。

案例 3.4.3　查找引用函数：MATCH( )

【函数功能】MATCH()函数用来返回在指定方式下与指定数值匹配的元素的相应位置。从一列或一行中，或者从一个一维数组中，把指定数据所在的位置确定出来。该函数得到的结果并不是单元格的数据，而是指定数据的单元格位置。

【函数格式】MATCH(lookup _value ,lookup _ array , match _type)

【参数说明】①lookup _value 为需要在数据表中查找的数值。例如，如果要在电话簿中查找某人的电话号码，则应该将姓名作为查找值，但实际上需要的是电话号码。

②lookup _value 可以为数值（数字、文本或逻辑值）或对数字、文本或逻辑值的单元格引用。

③lookup _array 可能包含所要查找的数值的连续单元格区域。

④match _type 为数字-1、0 或 1。指明如何在 lookup _array 中查找 lookup _value。

如果match _type为1，函数 MATCH 查找小于或等于lookup _value的最大数值。lookup_array 必须按升序排列：…、-2、-1、0、1、2、…、A~Z、FALSE、TRUE。

如果 match _type 为 0，函数 MATCH 查找等于 lookup _value 的第一个数值。lookup _array 可以按任何顺序排列。

如果 match_type 为-1，函数 MATCH 查找大于或等于 lookup_value的最小数值。lookup_array必须按降序排列：TRUE、FALSE、Z~A、…、2、1、0、-1、-2、…。

如果省略match_type，则假设为 1。

函数 MATCH 返回 lookup_array 中目标值的位置，而不是数值本身。例如，MATCH("b",{"a", "b" ,"c"},0) 返回 2，即“b”在数组 {"a" ,"b", "c"} 中的相应位置。

查找文本值时，函数 MATCH 不区分大小写字母。

如果函数 MATCH 查找不成功，则返回错误值 #N/A。

如果 match_type 为0且lookup_value 为文本，可以在lookup_value 中使用通配符、问号（?）和星号（*）。问号匹配任意单个字符；星号匹配任意一串字符。如果要查找实际的问号或星号，请在该字符前键入波形符（~）。

【示例1】MATCH()函数示例及结果说明，如图3-74所示。

	A	B
1	商品	数量
2	Bananas	25
3	Oranges	38
4	Apples	40
5	Pears	41
6	公式	说明（结果）
7	=MATCH(39,B2:B5,1)	由于此处无正确的匹配，所以返回数据区域 B2:B5 中最接近的下一个值（38）的位置。(2)
8	=MATCH(41,B2:B5,0)	数据区域 B2:B5 中 41 的位置。(4)
9	=MATCH(40,B2:B5,-1)	由于数据区域 B2:B5 不是按降序排列，所以返回错误值。(#N/A)

图3–74　函数MATCH（ ）示例及结果说明

【示例2】MATCH()函数和INDEX()函数结合。利用“子公司季度收入统计表”中数据，查询某公司某季度的收入金额。

【操作步骤】

1.打开素材“子公司季度收入统计表.xlsx”，根据要求在F3单元格中输入公式，完成由B3和D3所列某公司某季度的收入金额的查询。

2．在F3单元格中输入公式=INDEX(B5:F8,MATCH(B3,A5:A8,0),MATCH(D3,B4:F4,0)),如图3-75所示。

	A	B	C	D	E	F	G
1			子公司收入季度统计表				
2	单位：华晨公司			2017年度		单位：万元	
3	查询的公司	华晨B公司	查询的季度	三季度		=INDEX(B5:F8,MATCH(B3,A5:A8,0),MATCH(D3,B4:F4,0))	
4	公司	一季度	二季度	三季度	四季度	合计	
5	华晨A公司	1,750.00	2,100.00	2,050.00	2,315.00	8,215.00	
6	华晨B公司	960.00	890.00	1,010.00	1,050.00	3,910.00	
7	华晨C公司	1,200.00	1,100.00	1,025.00	990.00	4,315.00	
8	华晨D公司	600.00	950.00	1,106.00	965.00	3,621.00	
9	合计	4,510.00	5,040.00	5,191.00	5,320.00	20,061.00	
10							
11	要求：在F3单元格中输入公式，完成由B3和D3所列某公司某季度其收入金额的查询。						

图3-75 查询子公司季度收入情况

3．由此，在B3单元格中任意录入某子公司名称，在D3单元格中录入某季度，即可在F3单元格中轻松查到该子公司某季度的收入金额。

实训1 在学生成绩表中，查询某同学某学科的考试成绩。

打开素材"成绩查询.xlsx"，结合以上示例，完成某同学某科目考试成绩的查询。结果如图3-76所示。

考试成绩查询	
姓名	郭珑晓
科目	基础会计
成绩	89.55

图3-76 考试成绩查询

案例3.4.4 位移函数：OFFSET( )

【函数功能】OFFSET函数是以指定的引用区域为参照系，通过偏移量得到新的引用。该函数返回的引用可以为一个单元格或单元格区域，并且还可以指定返回的行数或列数。

【函数格式】OFFSET(reference, rows, cols, height, width)

【参数说明】①reference：表示偏移量的参照系。该参数必须对单元格或相连单元格区域进行引用，否则函数返回错误值。

②rows：相对于偏移量参照系的左上角单元格上、下偏移的行数。如果取值3，则说明目标引用区域左上角的单元格比reference低3行。正数为下方，负数为上方。

③cols：相对于偏移量参照系的左上角单元格左、右偏移的列数。如果取值3，则说明目标引用区域左上角的单元格比reference靠右3列。正数为右方，负数为左方。

④height：表示高度，即所要返回的引用区域的行数。为正数

⑤width：表示宽度，即所要返回的引用区域的列数。为正数。

【示例1】OFFSET()函数应用示例及结果说明，如图3-77所示。

公式	说明（结果）
=OFFSET(C3,2,3,1,1)	显示单元格 F5 中的值（0）
=SUM(OFFSET(C3:E5,-1,0,3,3))	对数据区域 C2:E4 求和（0）
=OFFSET(C3:E5,0,-3,3,3)	返回错误值 #REF!，因为引用区域不在工作表中

图3-77 OFFSET( )函数应用示例及结果说明

【示例2】在某公司日常的工时统计中，统计各车间的月合计工时数和所有车间的各月累计工时数，如图3-78所示。

	A	B	C	D	E	F	G
1							
2	编制单位：光合公司			2016年			单位：小时
3	车间	1月	2月	3月	4月	5月	……
4	一车间	700	650	750	720	770	
5	二车间	640	580	620	660	670	
6	三车间	820	760	790	770	800	
7	其中	4	月合计工时	=SUM(OFFSET(B4,0,B7-1,3,1))			
8		4	月累计工时	=SUM(OFFSET(B4,0,0,3,B8))			

图3-78 应用OFFSET( )函数统计工时

学习任务 3.5 数据的统计函数

在日常财务工作中，对财务数据的分析统计是必不可少的。掌握好Excel的统计分析类函数，可以大大降低财务工作量，提升工作效率；可以及时、准确地满足各种财务信息使用者的需求。

案例 3.5.1 数字统计函数：COUNT( )

【函数功能】返回包含数字的单元格的个数以及返回参数列表中的数字个数。利用函数COUNT()可以计算单元格区域或数字数组中数字字段的输入项个数。

【函数格式】COUNT(value1,value2,…)

【参数说明】value1, value2,…是可以包含或引用各种类型数据的1~255个参数，但只有数字类型的数据才计算在内。提示：

①数字参数、日期参数或者代表数字的文本参数被计算在内。

②逻辑值和直接键入参数列表中代表数字的文本被计算在内。

③如果参数为错误值或不能转换为数字的文本，将被忽略。

④如果参数是一个数组或引用，则只计算其中的数字。数组或引用中的空白单元格、逻辑值、文本或错误值将被忽略。

⑤如果要统计逻辑值、文本或错误值，请使用 COUNTA()函数。

【示例】COUNTA( )函数示例如图3-79所示。

数据	
销售	
2008/12/8	
19	
22.24	
TRUE	
#DIV/0!	
公式	说明（结果）
=COUNT(A2:A8)	计算上列数据中包含数字的单元格的个数(3)
=COUNT(A5:A8)	计算上列数据的最后 4 行中包含数字的单元格的个数(2)
=COUNT(A2:A8,2)	计算上列数据中包含数字的单元格以及包含数值 2 的单元格的个数(4)

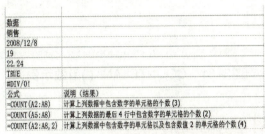

图3–79　COUNTA( )函数示例

案例 3.5.2 数字统计函数：COUNTA( )

【函数功能】返回参数列表中非空值的单元格个数。利用函数 COUNTA()可以计算单元格区域或数组中包含数据的单元格个数。

【函数格式】COUNTA(value1,value2,…)

【参数说明】value1, value2,…代表要计数其值的1~255个参数。

数值是任何类型的信息，包括错误值和空文本（""）。数值不包括空单元格。

如果参数为数组或引用，则只使用其中的数值，数组或引用中的空白单元格和文本值将被忽略。

如果不需要对逻辑值、文本或错误值进行计数，请使用 COUNT()函数。

【示例】COUNTA( )函数示例如图3-80所示。

数据	
销售	
2008/12/8	
19	
22.24	
TRUE	
#DIV/0!	
公式	说明（结果）
=COUNTA(A2:A8)	计算上列数据中非空格单元格的个数(7)
=COUNTA(A5:A8)	计算上列数据的最后 4 行中包含非空格单元格的个数(4)
=COUNTA(A1:A7,2)	计算上列数据中非空格单元格以及包含数值 2 的单元格的个数(7)
=COUNTA(A1:A7,"T	计算上列数据中非空格单元格以及包含数值 TWO 的单元格的个数(7)

图3–80　COUNTA( )函数示例

案例 3.5.3 统计空白单元格个数函数 COUNTBLANK ( )

【函数功能】计算指定单元格区域中空白单元格的个数。

【函数格式】COUNTBLANK(range)

【参数说明】range 为需要计算其中空白单元格个数的区域。

即使单元格中含有返回值为空文本（""）的公式，该单元格也会计算在内，但包含零值的单元格不计算在内。

【示例】COUNTBLANK( )函数示例如图3-81所示。

数据	数据
6	=IF(B4<30,"",B4)
	27
4	34
公式	说明（结果）
=COUNTBLANK(A2:B5)	计算上述区域中空白单元格的个数。公式返回空空文本。（4）

图3-81　COUNTBLANK( )函数示例

案例3.5.4　条件统计函数COUNTIF( )

【函数功能】计算区域中满足给定条件的单元格的个数。

【函数格式】COUNTIF(range,criteria)

【参数说明】range：是一个或多个要计数的单元格，其中包括数字或名称、数组或包含数字的引用。空值和文本值将被忽略。

criteria：为确定哪些单元格将被计算在内的条件，其形式可以为数字、表达式、单元格引用或文本。例如，条件可以表示为32、"32"、">32"、"apples"或B4。

可以在条件中使用通配符、问号（?）和星号（*）。问号匹配任意单个字符；星号匹配任意一串字符。如果要查找实际的问号或星号，请在该字符前键入波形符（~）。

【示例1】通用COUNTIF公式，如图3-82所示。

数据	数据
apples	32
oranges	54
peaches	75
apples	86
公式	说明（结果）
=COUNTIF(A2:A5,"apples")	计算第一列中apples所在单元格的个数（2）
=COUNTIF(A2:A5,A4)	计算第一列中peaches所在单元格的个数（1）
=COUNTIF(A2:A5,A3)+COUNTIF(A2:A5,A2)	计算第一列中oranges和apples所在单元格的个数（3）
=COUNTIF(B2:B5,">55")	计算第二列中值大于55的单元格个数（2）
=COUNTIF(B2:B5,"<>"&B4)	计算第二列中值不等于75的单元格（3）
=COUNTIF(B2:B5,">=32")-COUNTIF(B2:B5,">85")	计算第二列中值大于或等于32且小于或等于85的单元格个数（3）

图3-82　COUNTIF( )函数示例1

【示例2】在COUNTIF公式中使用通配符和处理空值，如图3-83所示。

销售人员	超出Widgets配额	超出Gadgets配额	超出Doodads配额
李小明	是	否	否
林丹	是	是	否
苏	是	是	是
王	否	是	是
公式	说明（结果）		
=COUNTIFS(B2:D2,"=是")	计算李小明超出Widgets、Gadgets和Doodads销售配额的次数（1）		
=COUNTIFS(B2:B5,"=是",C2:C5,"=是")	计算有多少销售人员同时超出了他们的Widgets配额和Gadgets配额（2）		
=COUNTIFS(B5:D5,"=是",B3:D3,"=是")	计算王和林丹超出相同的Widgets配额、Gadgets配额和Doodads配额的次数（1）		

图3-83　COUNTIF( )函数示例2

案例 3.5.5 多条件统计函数 COUNTIFS（ ）

【函数功能】计算某个区域中满足多重条件的单元格数目。

【函数格式】COUNTIFS(range1, criteria1,range2, criteria2,...)

【参数说明】range1, range2,...是计算关联条件的1~127个区域。每个区域中的单元格必须是数字或包含数字的名称、数组或引用。空值和文本值会被忽略。

criteria1,criteria2,...是数字、表达式、单元格引用或文本形式的1~127个条件，用于定义要对哪些单元格进行计算。例如，条件可以表示为32、"32"、">32"、"apples" 或 B4。

【注解】

仅当区域中的每一单元格满足为其指定的所有相应条件时,才对其进行计算。

如果条件为空单元格，COUNTIFS 将其视为 0 值。

可以在条件中使用通配符，即问号（?）和星号（*）。问号匹配任意单个字符；星号匹配任意字符序列。如果要查找实际的问号或星号，请在字符前键入波形符（~）。

【示例】如图3-84所示。

图3-84　COUNTIFS( )函数示例

学习任务 3.6　数据的排序函数

在日常的数据分析中，有时需要知道某数值在一列数据中排位情况，通过对原数据进行排序操作当然可以得知，但会影响数据源的原顺序。如果掌握了排序函数，问题即可迎刃而解。

案例 3.6.1 数字排位函数：RANK.AVG（ ）

【函数功能】返回一列数字的数字排位。数字的排位是其大小与列表中其他值的比值。如果多个值具有相同的排位，则将返回平均排位。

【函数格式】RANK.AVG(number,ref,[order])

【参数说明】number：必需。指要找到其排位的数字。

ref：必需。数字列表的数组，对数字列表的引用。ref中的非数字值会被忽略。

order：可选。一个指定数字排位方式的数字。如果order为0（零）或省略，Excel对数字的排位是基于 ref 为按降序排列的列表；如果order不为零，Excel对数字的排位是基于 ref 为按升序排列的列表。

【示例】如图3-85所示。

日期	温度（摄氏度）		
2021/7/1	29		
2021/7/2	28		
2021/7/3	32		
2021/7/4	41		
2021/7/5	34		
2021/7/6	37		
2021/7/7	35		
公式	说明		结果
=RANK.AVG(34,B2:B8)	查找单元格区域 B2:B8 中值 34 的排位（位置）。本例中，2021-7-5（温度达到 34 摄氏度）是列出的日期中第 4 热的一天。		4

图3-85　RANK.AVG( )函数示例

案例 3.6.2　数字排位函数：RANK（ ）

【函数功能】返回一列数字的数字排位。数字的排位是相对于列表中其他值的大小的（如果要对列表进行排序，则数字的排位将是其位置）。

【函数格式】RANK(number,ref,[order])

【参数说明】number：必需。指要找到其排位的数字。

ref：必需。数字列表的数组，对数字列表的引用。ref中的非数字值会被忽略。

order：可选。一个指定数字排位方式的数字。如果order为0（零）或省略，Excel对数字的排位是基于ref为按降序排列的列表；如果order不为零，Excel对数字的排位是基于 ref 为按升序排列的列表。

RANK()赋予重复数相同的排位。但重复数的存在将影响后续数值的排位。例如，在按升序排序的整数列表中，如果数字10出现两次，并且其排位为5，则11 的排位为7（没有排位为6的数值）。

【示例】如图3-86所示。

数据		
7		
3.5		
3.5		
1		
2		
公式	描述（结果）	结果
=RANK(A3,A2:A6,1)	3.5 在上表中的排位（3）	3
=RANK(A2,A2:A6,1)	7 在上表中的排位（5）	5

图3-86　RANK( )函数示例

还有另外一个数字排位函数：RANK.EQ( )，其功能也是返回某数字在一列中的排位。如果多个值具有相同的排位，则返回该组值的最高排位。

实训任务　进行排序和打印设置

●【练习目的】将"销售部工资"表中数据进行排序和打印设置。

要求：

1. 打开素材文件"销售部工资.xlsx"工作簿，将工作表数据按照"应发工资"进行降序排列。
2. 筛选出"应发工资"在5 000元以上的人员信息。
3. 添加页眉和页脚，页眉中部为"文件名"，页脚中部为页码，页脚右侧为当前日期。
4. 将第2步中筛选出的信息区域设置为打印区域。
5. 预览打印效果。
6. 设置打印份数为2份。

项目 04
Excel 的公式和函数

项目描述

Excel 强大的计算功能主要依赖于其公式和函数，利用公式和函数可以对表格中的数据进行各种计算和处理，从而提高我们在制作复杂表格时的工作效率及计算准确率。

学习目标

- 了解 Excel 函数与公式的基本概念
- 掌握单元格引用的表示方式
- 了解和掌握输入函数与编辑公式技能
- 掌握部分函数的使用方法

实训任务

- 能正确使用公式完成各种复杂计算
- 能正确掌握运算符及其运算的优先顺序
- 能正确使用单元格引用
- 能正确使用函数完成会计账表中的数据处理

学习任务 4.1　认识公式

案例 4.1.1　公式的概念

Excel公式是指以等号"="为引导，通过运算符、函数、参数等按照一定的顺序组合进行数据运算处理的等式。

在Excel工作表中选中包含数据的部分单元格，在状态栏可以显示所选择数据的常用计算结果。选择数据类型不同，状态栏显示出的计算项目也不相同，如果单元格数据类型为数值型，状态栏中会显示计数、平均值及求和等结果；如果单元格数据类型为文本型，状态栏中只显示计数结果。

右击状态栏，在弹出的"自定义状态栏"菜单中，依次选中平均值、计数、数值计数、最小值、最大值、求和等选项，可以开启（或关闭）状态栏显示的项目。

公式包含以下5种元素：

（1）运算符：指出运算的符号。如加（+）、减（-）等。

（2）单元格引用：指出参加运算的单元格范围。如A1:A10、D5等。

（3）常量：直接参加运算的数值或字符串。

（4）函数和参数：公式引用到的函数以及参数。

（5）括号：用来改变公式中各表达式的计算顺序。

不同要素构成的公式见表4-1。

表4-1　公式的组成要素

序号	公式	说明
1	=12*4+20*5	包含常量运算的公式
2	=A1*4+A2*5	包含单元格引用的公式
3	= 单价 * 数量	包含名称的公式
4	=SUM(A1*4,A2*5)	包含函数的公式
5	=(4+8)*4/2	包含括号的公式

案例 4.1.2　公式的输入、编辑与删除

在Excel单元格中输入公式时，若以"="开始，系统自动变为输入公式状态，以"+""-"号作为开始输入时，系统自动在其前面加上等号变为输入公式状态。但单元格格式被事先设置为"文本"时，输入内容为文本，而非公式。

在输入公式时，鼠标选中其他单元格区域，被选区域将作为引用输入公式中。按下Enter键或者Ctrl+Shift+Enter组合键，可以结束普通公式和数组公式输入或编辑状态。如果放弃输入，可以在未按Enter键或者Ctrl+Shift+Enter组合键的情况下，按Esc键。

如果需要对已有公式进行修改，可用以下3种方法。

（1）单击公式所在单元格，并按F2键。

（2）双击公式所在单元格（可能光标位置不会处于公式起始位置）。

（3）选中公式所在单元格，单击列标上方的编辑栏。

选中公式所在单元格，按Del键可清除单元格中的全部内容，或者进入单元格编辑状态后，将光标放置在某个位置并使用Del键或Backspace键删除部分内容。当需要删除多单元格数组公式时，必须选中其所在的全部单元格再按Del键删除。

案例 4.1.3 公式的复制与填充

公式的复制，可以像复制单元格内容一样，通过复制和粘贴的方法实现，而不必逐个单元格编辑公式。此外，可以根据表格的具体情况使用不同的操作方法复制与填充公式，以提高工作效率。

例 4.1 使用公式计算业务员销售额

在如图4-1所示的业务员销售额统计表中，需要根据D列的单价与E列的销售量求出各业务员的销售额，在F3单元格输入以下公式：

=D3*E3

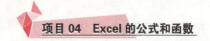

图4-1 使用公式计算产品销售额

采用以下5种方法可以将F3单元格的公式应用到计算方法相同的F4:F10单元格区域。

● 【方法一】拖曳填充柄。单击F3单元格，将鼠标指针指向该单元格右下角，当鼠标指针变为黑色"十"字形填充柄时，按住鼠标左键向下拖曳至F10单元格，松开鼠标左键即可。

● 【方法二】双击填充柄。选中F3单元格，双击F3单元格右下角的填充柄，公式按照其相邻列连续非空单元格向下填充，即填充至F10单元格。

● 【方法三】快捷键填充。选择F3:F10单元格区域，按Ctrl+D组合键或单击"开始"选项卡的"填充"下拉按钮，在扩展菜单中单击"向下"按钮，当需要向右复制时，可以使用Ctrl+R组合键。

● 【方法四】选择性粘贴。

①选择性粘贴按钮。

单击F3单元格,单击"开始"选项卡的"复制"按钮或按Ctrl+C组合键,选择F4:F10单元格区域,单击"开始"选项卡的"粘贴"下拉按钮,在扩展菜单中单击"公式"按钮,如图4-2所示。

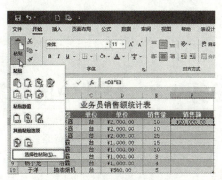

图4-2 选择性粘贴公式

②选择性粘贴对话框。

选择F3单元格,单击"开始"选项卡的"复制"按钮或按Ctrl+C组合键,选择F4:F10单元格区域,单击"开始"选项卡的"选择性粘贴"菜单,打开"选择性粘贴"对话框,如图4-3所示,在"粘贴"选项中选择"公式",单击"确定"按钮即可。

图4-3 "选择性粘贴"对话框

● 【方法五】多单元格同时输入。单击F3单元格,按住Shift键,单击F10单元格,单击编辑栏中的公式,按Ctrl+Enter组合键,则F3:F10单元格中将输入相同的公式。

实训任务1

1.Excel 公式是指以 _____ 为引导,通过运算符、函数、参数等按照一定的顺序组合进行数据运算处理的等式。

2. 如果所选单元格数据类型为数值,状态栏中会显示计数、平均值和求和等结果,如果所选单元格数据类型为文本,状态栏中则只显示 _____ 结果。

3.Excel 公式中包含运算符、单元格引用、常量、函数和参数及 _____ 等5种元素。

4. 当多个单元格中使用相同的公式时，可以通过_____和_____的操作方法实现，而不必逐个单元格编辑公式。

5. 请说出三种复制单元格公式的方法。

6. 简述如何同时在 D2:D6 单元格区域输入公式"=A2+1"。

学习任务 4.2　公式中的运算符和常量

案例 4.2.1　认识运算符

运算符是构成公式的基本元素，每个运算符代表一种运算。表4-2是Excel中4种类型运算符：算术运算符、比较运算符、文本运算符和引用运算符。

算术运算符：主要包含了加、减、乘、除、百分比以及乘幂等各种常规的算术运算，其值为数值型数据。

比较运算符：用于比较数据的大小，包括对文本或数值的比较，其值为逻辑型。

文本运算符：主要用于将文本字符或字符串进行连接和合并，结果为文本型。

引用运算符：Excel特有的运算符，有冒号、空格和逗号三种，用于产生单元格引用。

表4-2　公式中的运算符

符号	说明	实例
–	算术运算符：负号	=6*–3=–18
%	算术运算符：百分号	=80*5%=4
^	算术运算符：乘幂	=4^2=16 =25^(1/2)=5
* 和 /	算术运算符：乘和除	=8*2/4=4
+ 和 –	算术运算符：加和减	=15+2–5=12
=,<>,>,<,>=,<=	比较运算符：等于、不等于、大于、小于、大于等于和小于等于	=(a1=a2) 判断 a1 与 a2 相等 =(b1<>"XYZ") 判断 b1 不等于 "XYZ" =(c1>=4) 判断 c1 大于等于 4
&	文本运算符：连接文本	="Good"&"Morning" 返回 "GoodMorning"
:	区域运算符：冒号	=sum(A1:F10)　　=sum(A10:F1) =sum(F10:A1)　　=sum(F1:A10) 引用冒号两边单元格地址组成的矩形区域
（空格）	交叉运算符：单个空格	=sum(a1:b7 a3:d10) 引用 a1:b7 与 a3:d10 的交叉区域，公式相当于 =sum(a3:b7)
,	联合运算符：逗号	=RANK(a1,(a1:a10,c1:c10)) 第 2 参数引用 a1:a10 和 c1:c10 两个不连续的单元格区域

案例 4.2.2 数据比较的原则

在Excel中，数据类型分为文本型、数值型、逻辑值型、错误值型等几种类型。其中，文本型用一对半角双引号（""）所包含，例如"good morning"是由12个字符组成的文本；日期与时间是数值型的特殊表现形式，数值3表示3天；逻辑型只有TRUE和FALSE两个值；错误值型主要有#VALUE!、#DIV/0!、#NAME?、#N/A、#REF!、#NUM!、#NULL!等7种组成。

除了错误值型外，数值型、文本型与逻辑值型可比较大小，大小按照以下顺序排列：

…、-2、-1、0、1、2、…、A~Z、FALSE、TRUE

即数值型小于文本型，文本型小于逻辑值型，错误值型不参与排序。

注意：数字与数值是两个不同的概念，数字允许以数值和文本两种形式存储。事先设置了单元格格式为"文本"再输入数字或先输入撇号（'）再输入数字，都将作为文本形式存储。

例 4.2 判断彩票开奖号码大小

如图4-4所示，B3:D5单元格区域是排列3的开奖号码，在E3:G5单元格区域中，使用以下公式判断号码大小，无法得到正确结果：

=IF(B3>4,"大","小")

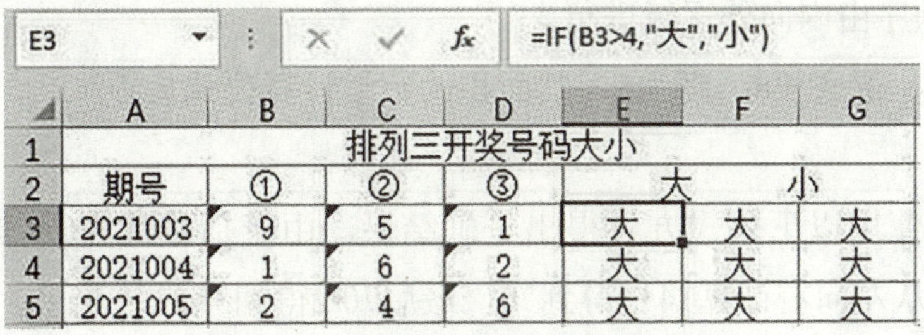

图4-4　判断排列三开奖号码大小1

这是由于B3:D5单元格区域是以文本形式存储的数字，其实质是文本。根据数据排列顺序中"数值小于文本"的原理，B3>4判断返回TRUE，因此所有计算结果都是"大"。当需要比较文本形式数字与数值大小时，可通过将两者相减的结果与0比较大小来实现，因为当表达式B3-4运算时，Excel会将B3文本型数据转换成与4一样的数值型，然后才能进行运算，得到正确结果。例如改为以下公式即可得到如图4-5所示的正确结果。

=IF(B3-4>0,"大","小")

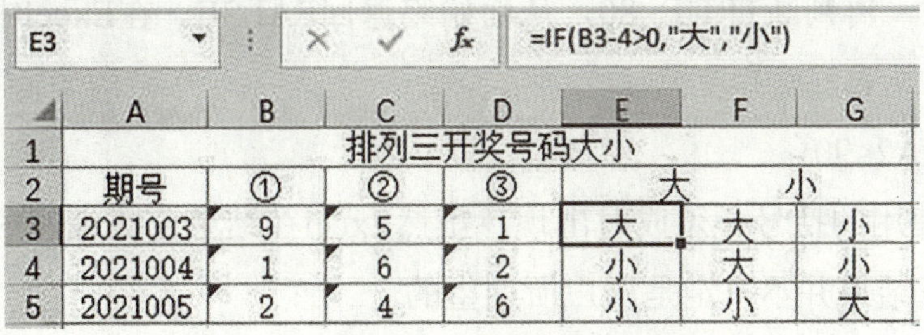

图4-5　判断排列三开奖号码大小2

案例 4.2.3 运算符的优先顺序

通常情况下，Excel按照从左向右的顺序进行运算，当公式中使用多个运算符时，Excel将根据各个运算符的优先级，按照从高到低的顺序进行运算，对于同级运算符，按从左向右顺序运算。具体优先顺序见表4-3。

表4-3 运算符的优先顺序

顺序	符号	说明
1	:,_(空格),	引用运算符：冒号、单个空格和逗号
2	-	算术运算符：负号（取得与原值正负号相反的值）
3	%	算术运算符：百分比
4	^	算术运算符：乘幂
5	*,/	算术运算符：乘和除（注意区别数学中的 ×、÷）
6	+,-	算术运算符：加和减
7	&	文本运算符：连接文本
8	=,<>,>,<,>=,<=	比较运算符：比较两个值（注意区别数学中的 ≤、≥、≠）

数学算式中使用小括号（）、中括号[]和大括号{}来改变运算的优先顺序，在Excel中均使用小括号代替，不得使用中括号[]和大括号{}，括号的优先级高于所有运算符，左右括号必须成对出现，计算顺序由内向外逐级进行。

例：梯形上底6、下底长8、高为5，其面积的数学计算公式为：

=(6+8)*5÷2

在Excel中，应使用以下公式方可得出正确结果。由于括号优先于其他运算符，先计算（6+8）得到14，再从左向右计算14*5得到70，最后70/2得到35。

=(6+8)*5/2

例：判断成绩X大于等于60分且小于90分。其数学计算公式为：

60<=X<90或者90>X>=60

假设成绩X存放在A2单元格，当成绩为72分时，则使用以下公式计算将无法得到正确结果：

=60<=A2<90

因为根据运算符的优先级，<=号与<号属于相同级次，按照从左向右运算，先判断60<=72，返回TRUE，再判断TRUE<80，从而始终返回FALSE。在Excel中，正确的公式写法为：

=AND(A2>=60,A2<90)

注意：公式中使用的括号必须成对出现，虽然Excel在结束公式编辑时会做出判断并自动补充、修正，但修正结果并不一定是用户所期望的。

案例4.2.4 常量参数

公式中可以使用常量进行运算。所谓常量，是指在运算过程中其值保持不变的量。公式以及公式产生的结果不是常量。常量分为数值常量、文本常量、逻辑常量、错误值常量等。

1.数值与逻辑值转换。

在Excel公式运算中，逻辑值与数值的关系为：

- 在四则运算及乘幂、开方运算中，TRUE=1，FALSE=0。
- 在逻辑判断中，0=FALSE，所有非0数值=TRUE。
- 在比较运算中，数值<文本<FALSE<TRUE。

2.文本型数字与数值转换。

文本型数字可以作为数值直接参与四则运算，但当此类数据以数组或者单元格引用的形式作为某些统计函数（如SUM、AVERAGE和COUNT函数等）的参数时，将被视为文本来运算。

例如，在A1单元格输入数值1（单元格数字格式为默认的"常规"），在A2单元格输入前置单引号的数字'2，则对于数值1和文本型数字2的运算见表4-4。

表4-4 文本型数字参与运算的特性

序号	公式	返回结果	说 明
1	=A1+A2	3	文本 "2" 参与四则运算被转换为数值
2	=SUM(A1,A2)	1	文本 "2" 在单元格中，视为文本，未被 SUM 函数统计
3	=COUNT(1,"2")	2	文本 "2" 直接作为参数视为数值
4	=SUM(1,"2")	3	文本 "2" 直接作为参数视为数值

例4.2就是利用文本型数字参与四则运算自动转换为数值的原理，实现正确判断排列三开奖号码的大小。此外，使用如下6个公式可以将A2单元格的文本型数字转换为数值。

（1）乘法 =A2*1

（2）除法 =A2/1

（3）加法 =A2+0

（4）减法 =A2-0

（5）减负运算 =--A2

（6）函数运算 =VALUE(A2)

其中，（5）减负运算实质是以下公式的简化：

=0--A2

即0减去负的A2单元格的值，输入最为方便，因此应用最广泛。

实训任务 2

1.运算符是构成公式的基本元素之一，每个运算符分别代表一种运算方式。Excel中的运算符包括_____运算符、_____运算符、_____运算符和_____运算符4种类型。

2. 除了错误值外，将文本、数值与逻辑值进行比较时的顺序为数值小于文本，文本小于逻辑值_____，逻辑值_____。

3. 当公式中使用多个运算符时，Excel 将根据各个运算符的优先级顺序进行运算，对于同一级次的运算符，则按_____的顺序运算。

4. 写出数值型、字符型、逻辑型排列顺序。

5. 在逻辑判断公式中，公式结果为 0 相当于_____，公式结果不为 0 则相当于_____。

6. 将 A2 单元格的文本型数字转化为数值有哪几种方法？

学习任务 4.3　认识单元格引用

通常情况下，Excel 文件是指 Excel 的工作簿文件，其扩展名为 .xlsx（Excel 97-2003 默认的扩展名为 .xls），这是 Excel 最基础的电子表格文件类型。一个工作簿可以由多张工作表组成，一般默认打开 3 个，可以设置 1~255 个工作表。如果需要超过 255 个工作表，可用"插入工作表"按钮完成。一个工作簿能包含多少个工作表仅受内存限制，也就是说，在内存充足的前提下，可以是无限多个。在 Excel 2010、2013、2016、2019 版本中，一张工作表由 1 048 576 行×16 384 列个单元格组成，即 2^{20} 行×2^{14} 列。单元格是工作表的最小组成元素，以左上角第 1 个单元格为原点，向下、向右分别为行、列坐标的正方向，行号为 1、2、3、…、1 048 576，列号为 A、B、C、…、XFD，例如，第 1 行第 1 列写为 A1，由此构成单元格在工作表上所处位置的坐标集合。在公式中使用坐标方式表示单元格在工作表中的"地址"，实现对存储于单元格中数据的调用，这种方法称为单元格引用。

案例 4.3.1　A1 引用样式和 R1C1 引用样式

在 Excel 中，单元格引用分为 A1 引用样式和 R1C1 引用样式。

1. A1 引用样式。

默认情况下，Excel 使用 A1 引用样式，用 A~XFD 表示列标，用数字 1~1 048 576 表示行号，单元格地址由列标和行号组合而成。

例如，位于第 D 列和第 6 行交叉位置的单元格地址为"D6"，如果引用单元格区域，可用 D6:F10 表示引用从 D6 到 F10 的矩形区域；如果引用第 D 列，可用 D:D 表示；如果引用第 10 行，可用 10:10 表示。

2. R1C1引用样式。

在R1C1引用样式中，Excel的行标和引号都将用数字表示。例如，选择第3行第4列的交叉处位置，Excel名称框中显示为R3C4。R1C1引用样式需在“文件”选项卡中的“选项”按钮中进行设置才能使用。

案例 4.3.2 相对引用、绝对引用和混合引用

在Excel的公式中，引用具有以下关系：如果A1单元格的公式为“=B1”，那么A1就是B1的引用单元格，B1就是A1的从属单元格。从属单元格与引用单元格之间的位置关系称为单元格引用的相对性，可分为三种引用方式，即相对引用、绝对引用和混合引用，用“$”进行区分。

1. 相对引用。

当复制公式到其他单元格时，Excel保持从属单元格与引用单元格的相对位置不变，称为相对引用。例如：打开素材“4.1使用公式计算业务员销售额.xlsx”文件，F3单元格定义公式为“=D3*E3”，即F3单元格的内容是左边两个相邻单元格的乘积。将F3单元格的公式复制到F4单元格时，F4单元格的公式为“=D4*E4”，即F4单元格的内容是左边相邻两个单元格的乘积，F3、F4两个单元格公式中的D3、E3和D4、E4均是相对引用。

2. 绝对引用。

当复制公式到其他单元格时，公式中的单元格引用绝对位置不变，称为绝对引用。绝对引用的表示，就是在其行、列前加“$”，例如：“=$D$3”，D列是绝对引用，第3行也是绝对引用。

例 4.3　使用相对引用和绝对引用制作日记账

如图4-6所示，在家庭理财日记账本中，F2单元格为预备金的预留比率，C列、D列分别输入借方、贷方金额，E4单元格为期初余额。

E5　=E4+C5-D5

	A	B	C	D	E	F
1	家庭理财日记账					
2					预留百分比	30%
3	类别	摘要	借方	贷方	余额	可用预备金
4		期初余额			7,856.38	2,356.91
5	现付	略		587.50	7,268.88	2,180.66
6	现收	略	86.00		7,354.88	2,206.46
7	现付	略		216.00	7,138.88	2,141.66
8	银付	略		980.00	6,158.88	1,847.66
9	现收	略	400.00		6,558.88	1,967.66
10	银收	略	3,300.00		9,858.88	2,957.66
11	银付	略		600	9,258.88	2,777.66

图4-6　使用相对引用和绝对引用制作日记账

在E5单元格中输入以下公式并向下复制：

=E4+C5-D5

利用相对引用特性始终用上一行单元格的余额加上本行C列的借方金额并扣除本行D列的

贷方金额。当复制到E11单元格时，公式自动变为：

=E10+C11-D11

在F4单元格中输入以下公式并向下复制：

=E4*$F$2

利用相对引用和绝对引用，始终引用F2单元格的预留比率与左侧单元格的余额相乘，得到实时的可用预备金，当复制到F11单元格时，公式自动变为：

=E11*$F$2

3. 混合引用。

当复制公式到其他单元格时，Excel均保持所引用单元格的行或列方向之一的绝对位置不变，而另一方向位置发生变化，这种引用方式称为混合引用，可分为行绝对列相对引用和行相对列绝对引用。例如，在E5单元格中输入公式：

=$C5*$D5

公式中的$C5、$D5表示列绝对而行相对，当向右复制公式时，保持公式“=$C5*$D5”不变，而向下（上）复制公式时，行号发生变化。

例 4.4　混合引用汇总各部门的人员工资

如图4-7所示，A2:D10单元格区域为某公司各部门人员工资表。

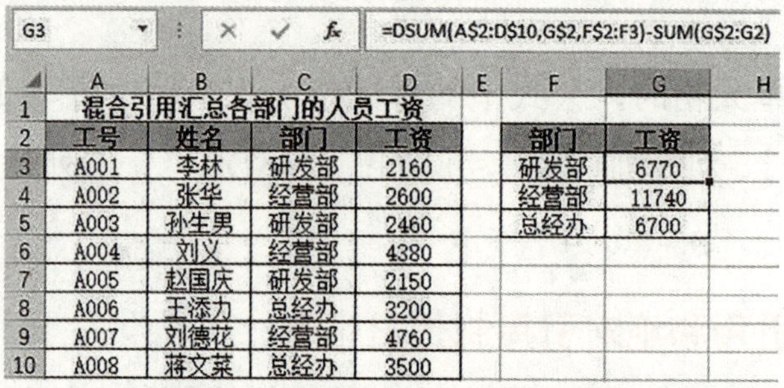

G3 | =DSUM(A$2:D$10,G$2,F$2:F3)-SUM(G$2:G2)

	A	B	C	D	E	F	G	H
1	混合引用汇总各部门的人员工资							
2	工号	姓名	部门	工资		部门	工资	
3	A001	李林	研发部	2160		研发部	6770	
4	A002	张华	经营部	2600		经营部	11740	
5	A003	孙生男	研发部	2460		总经办	6700	
6	A004	刘义	经营部	4380				
7	A005	赵国庆	研发部	2150				
8	A006	王添力	总经办	3200				
9	A007	刘德花	经营部	4760				
10	A008	蒋文菜	总经办	3500				

图4–7　混合引用汇总各部门工资

在G3单元格中输入以下公式并向下复制到G5单元格：

=DSUM(A$2:D$10,G$2,F$2:F3)-SUM(G$2:G2)

其中，DSUM函数的第3个参数使用F$2:F3，使混合引用与相对引用结合，向下复制时，依次变为F$2:F4、F$2:F5，从而改变DSUM函数的条件由统计1个部门到统计3个部门。同理，SUM函数中使用相同的引用方式对变化的区域G$2:G2求和，以扣除公式上方重复计算的部门工资之和。

在Excel中，按F4快捷键可以在4种不同引用类型之间进行切换，其顺序为：相对引用→绝对引用→行绝对列相对引用→行相对列绝对引用→相对引用。

如在A1单元格有公式“=C5”，选择C5，然后按F4键,依次变为$C$5、C$5、$C5、C5。

案例 4.3.3 单元格和单元格区域的引用

1. 合并区域引用。

在Excel中，除了允许对单个单元格或多个连续单元格进行引用外，还可以对同一工作表中的不连续区域进行引用，通常称为“合并区域”引用，使用联合运算符“,”将各个区域的引用间隔开来，并在两端添加半角圆括号“()”将其包含在内。

例 4.5　合并区域应用进行计算排名

如图4-8所示，表格中的成绩数据分别在B3:B10和E3:E10单元格区域中，需要在C列、F列求出其班级排名。

在C3单元格输入以下公式，并向下复制到C10单元格，然后选择C3:C10单元格区域后单击“复制”按钮，选择F3单元格后单击“粘贴”按钮：

=RANK(B3,($B$3:$B$10,$E$3:$E$10))

其中，($B$3:$B$10,$E$3:$E$10)为“合并区域”引用。

注意：合并区域单元格引用必须在同一个工作表中进行，否则将返回错误值#VALUE!。

C3　=RANK(B3,($B$3:$B$10,$E$3:$E$10))

	A	B	C	D	E	F
1	利用合并区域引用计算排名					
2	姓名	成绩	排名	姓名	成绩	排名
3	杨兰花	71	6	葛卫君	52	13
4	龚丽琴	60	11	杨再友	33	16
5	王莹莹	89	3	王丽君	69	7
6	石昆	39	15	吴德华	68	8
7	孔强	46	14	韩芳燕	62	10
8	王志	99	2	郑艳红	57	12
9	陈有德	78	4	陈惠惠	72	5
10	孙强军	64	9	沈天龙	100	1

图4-8 利用合并区域引用计算排名

2. 交叉引用。

在Excel的公式中，可以使用交叉运算符（单个空格）取得两个区域的交叉区域。

例 4.6　利用交叉引用计算求和

打开素材文件“4.6利用交叉引用计算求和.xlsx”，如图4-9所示，在C9单元格输入公式：

=SUM(A1:D4 C3:F6)

SUM函数中，(A1:D4 C3:F6)是交叉引用，求两个区域的交叉部分的单元格区域的和相当于公式：

=SUM(C3:D4)

	A	B	C	D	E	F
1	2	3	4	5	6	7
2	2	3	4	5	6	7
3	2	3	1	2	6	7
4	2	3	3	4	6	7
5	2	3	4	5	6	7
6	2	3	4	5	6	7

图4-9　利用交叉引用计算求和

实训任务 3

1. 在 Excel 中，单元格引用分为 _____ 和 _____ 两种。

2. Excel 中单元格引用分为三种方式，即 _____、_____ 和 _____。

3. 当复制公式到其他单元格时，Excel 保持从属单元格与引用单元格的相对位置不变，称为 _____。

4. 当复制公式到其他单元格时，Excel 保持从属单元格与引用单元格的绝对位置不变，称为 _____。

5. 当复制公式到其他单元格时，Excel 仅保持所引用单元格的行或列方向之一的绝对位置不变，而另一个方向位置发生变化，这种引用方式称为 _____，可分为行绝对列相对引用和行相对列绝对引用。

6. 当输入一个单元格或者单元格区域地址时，可以按 _____ 键在 4 种应用类型中循环切换，其顺序为 _____ →行绝对列相对引用→行相对列绝对引用→ _____。

7. 在公式中，可以使用交叉运算符 _____ 取得两个区域的交叉区域。

学习任务 4.4 对其他工作表和工作簿的引用

案例 4.4.1 引用其他工作表区域

在公式中引用其他工作表的单元格区域，可在公式编辑状态下，通过鼠标单击相应的工作表标签，然后选取相应的单元格区域实现。

例 4.7 跨表引用其他工作表区域

图 4-10 所示的工作表 Sheet2 为工资表。

在 Sheet1 表中，在 B2 单元格中输入"=SUM("，单击 Sheet2 表标签，然后选择 D3:D10 单元格区域，并按 Enter 键结束编辑，则在编辑栏中将自动在引用前添加工作表名，变为：

=SUM(Sheet2!D3:D10)

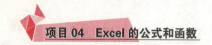

图 4-10 跨表引用

跨表引用的表示方式为"工作表名+半角感叹号+引用区域"。当所引用的工作表名是以数字开头或者包含空格及以下特殊字符：

$ % ` ~ ! @ # ^ & ( ) + - = , | " ; { }

时，则公式中的被引用工作表名称将被一对半角单引号包含，例如，将上述示例中的"Sheet2"修改为"Sheet 2"时，则跨表引用公式将变为：

=SUM('Sheet 2'!D3:D10)

同样，使用INDIRECT函数进行跨表引用时，如果被引用的工作表名包含空格或上述字符，需要在工作表名前后加上半角单引号才能正确反馈结果。

案例 4.4.2 引用其他工作簿中的工作表区域

在Excel公式中，也可以引用其他工作簿中的单元格，其表示方式为：

[工作簿名称]工作表名!单元格引用

例如：在新建的工作簿Sheet1工作表的B2单元格中输入如下公式：

=SUM([4.7跨表引用其他工作表区域.xlsx]Sheet2!$D$3:$D$10)

当被引用工作簿关闭时，公式中将在工作簿名称前自动加上文件的路径。当路径或工作簿名称、工作表名称之一包含空格或相关特殊字符时，感叹号之前部分需要使用一对半角单引号包含。例如，例4.7中的被引用工作簿关闭，则公式自动变为：

=SUM('F:\素材[4.7跨表引用其他工作表区域.xlsx]Sheet2'!$D$3:$D$10)

案例 4.4.3 引用连续多工作表相同区域

1.三维引用输入方式。

当跨表引用多个相邻工作表中相同的单元格区域进行汇总时，可以使用三维引用进行计算而无须逐个工作表对单元格区域进行引用，其表示方式为：按工作表排列顺序，使用冒号将起始工作表和终止工作表名进行连接，作为跨表引用的工作表名。

例 4.8　三维引用汇总连续多工作表相同区域

如图4-11所示，"1""2""3""4""5""6"工作表为连续排列的6个工作表，每个表的A2:E10单元格区域分别存放着1~6月的饮料销售情况数据。

在"汇总"工作表的D3单元格中，输入"=SUM("，然后鼠标单击"1"工作表标签，按住Shift键并单击"6"工作表标签，然后单击E3单元格并按Enter键结束公式编辑，得到以下公式：

=SUM('1:6'!D3)

1-6月份饮料销售情况汇总表				
名称	单位	零售价	销售量	销售额
橙汁	听	¥ 2.80	787	2,203.60
红牛	听	¥ 6.50	617	4,010.50
健力宝	听	¥ 2.90	770	2,233.00
可乐	听	¥ 3.20	811	2,595.20
矿泉水	瓶	¥ 2.30	593	1,363.90
美年达	听	¥ 2.80	622	1,741.60
酸奶	瓶	¥ 1.20	746	895.20
雪碧	听	¥ 3.00	628	1,884.00

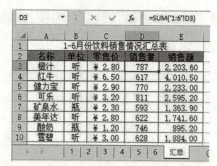

图4-11　汇总连续多工作表相同区域

将D3单元格的公式复制到D4:D10单元格区域，即可得到每种商品1~6月份的销售量和销售额汇总数据。

2.妙用通配符输入三维引用。

如图4-12所示，当“汇总”工作表的位置在“2”“3”工作表之间时，6个工作表被分为两个和三个连续工作表，因此需要使用如下公式进行汇总：

=SUM('1:2'!D3,'3:6'!D3)

1-6月份饮料销售情况汇总表				
名称	单位	零售价	销售量	销售额
橙汁	听	¥ 2.80	787	2,203.60
红牛	听	¥ 6.50	617	4,010.50
健力宝	听	¥ 2.90	770	2,233.00
可乐	听	¥ 3.20	811	2,595.20
矿泉水	瓶	¥ 2.30	593	1,363.90
美年达	听	¥ 2.80	622	1,741.60
酸奶	瓶	¥ 1.20	746	895.20
雪碧	听	¥ 3.00	628	1,884.00

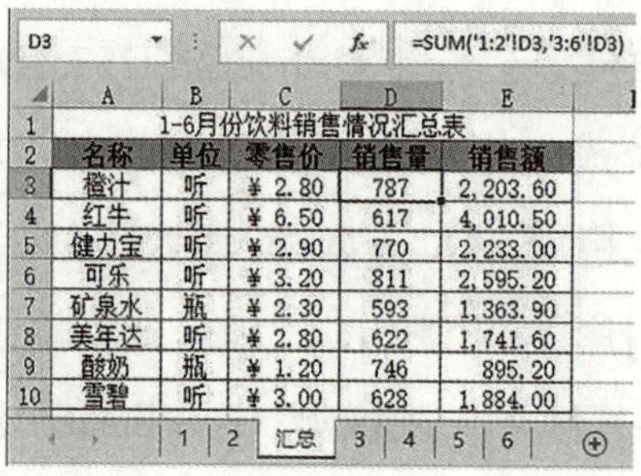

图4-12　利用通配符快速输入三维引用

还可以使用通配符“*”定义公式。

“*”：代表公式所在工作表之外的所有其他工作表名称。

“?”：代表工作表名称中的某1位（1个字节）可以是任意字符，但不能替代单纯以数字命名的工作表。

在图4-11所示的“汇总”工作表的D3单元格中，定义公式可以用通配符代替：“=SUM('*'!D3)”，当输入完成后，按Enter键后，公式变为“=SUM('1:2'!D3,'3:6'!D3)”。因此通配符只是在输入时使用，输入完成后,Excel会自动转换为实际的引用，在工作表的公式中是看不到通配符的。

注意：当工作表位置或单元格引用发生改变时，用户需要重新编辑公式才行，否则会导致公式运算错误。

3.三维引用的局限性。

三维引用是对多张工作表上相同单元格或单元格区域的引用，其要点是“跨越两个或多个连续工作表”“相同单元格区域”。

在实际使用中，支持这种连续多表同区域三维引用的函数有SUM、AVERAGE、AVERAGEA、COUNT、COUNTA、MAX、MAXA、MIN、MINA、PRODUCT、RANK、STDEV、STDEVA、STDEVP、STDEVPA、VAR、VARA、VARP、VARPA等，主要适用于多个工作表具有相同的数据库结构的统计计算。

注意：这种多表三维引用不能用于引用类型Range为参数的函数中，如SUMIF、COUNTIF函数等，也不能用于大多数函数参数类型为reference或ref的函数（但RANK函数除外）。

实训任务4

1. 在公式中引用其他工作表的单元格区域时，需要在单元格地址前加上工作表名称和_____。

2. 除采用输入的方法进行三维引用外，还可以使用通配符_____代表公式所在工作表之外的所有其他工作表名称。

学习任务4.5　表格与结构化引用

案例4.5.1　创建表格

Excel提供了三种创建表格的方法：
◆ 单击"开始"选项卡"套用表格格式"下拉按钮，并在扩展菜单中单击某种格式。
◆ 单击"插入"选项卡"表格"按钮。
◆ 按Ctrl+T组合键。

例4.9　创建商品销售表格并汇总销售数量

如图4-13所示，A2:E17单元格区域中存储着业务员对4种电器的销售数量。

表格创建过程如下：

（1）打开Excel程序，选择Sheet1中的A2:A17单元格区域，单击"开始"选项卡中的"套用表格格式"按钮，在弹出的表格样式中选择一种样式，在弹出的"套用表格式"对话框中，勾选"表包含标题"复选框，单击"确定"按钮，即可生成表格。

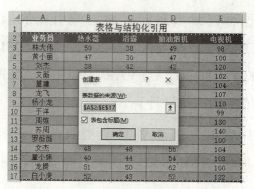

图4-13 将数据区域创建为表格

（2）选择表格中任意单元格，功能区将出现"表设计"选项卡，在"表名称"编辑框中将默认的"表1"修改为"销售统计"。

（3）如图4-14所示，勾选"表设计"选项卡中的"汇总行"复选框，在A18:E18单元格区域将出现"汇总"行，分别单击B18、C18、D18、E18单元格的下拉按钮，在弹出的菜单中选择"求和"，将自动生成公式：=SUBTOTAL(109,[热水器])、=SUBTOTAL(109,[浴霸])、=SUBTOTAL(109,[抽油烟机])、=SUBTOTAL(109,[电视机])。

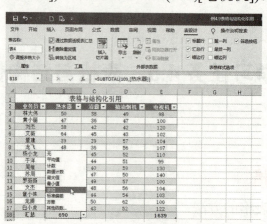

图4-14 使用表格汇总功能

取消创建的表格：单击表格中任一单元格，单击"表设计"标签中"工具"组中的"转换为区域"菜单，在弹出的对话框中提示"是否将表转换为普通区域？"，单击"是"按钮，即可转换为普通区域。

案例 4.5.2 结构化引用

在例4.9中，B18单元格的公式中使用"[热水器]"表示B3:B17单元格区域，并且可以随着"表格"区域的增减自动改变引用范围。这种用字段名方式表示单元格区域的方法称为"结构化引用"。

结构化引用可以随着表格数据区域的变化而自动调整，这就在很大程度上减少了表格中添加或删除行、列时或刷新外部数据时重写公式的需要，使表格数据处理变得容易、直观。

如图4-15所示，可用如下两个公式计算业务员林大伟的销售额：

①=SUM(销售统计[@[热水器]:[电视机]])

②=SUM(B3:E3)

公式①较容易理解，而公式②不容易理解其含义。

=SUM(销售统计[@热水器]:销售统计[@电视机])

=SUM(销售统计[[#汇总],[热水器]]:销售统计[[#汇总],[电视机]])

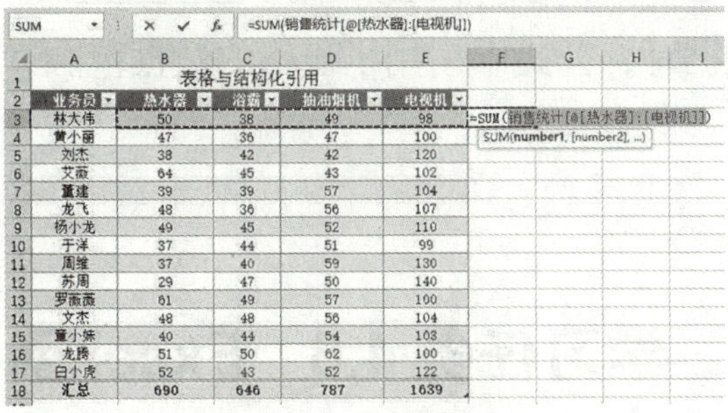

表格与结构化引用

业务员	热水器	浴霸	抽油烟机	电视机
林大伟	50	38	49	98
黄小丽	47	36	47	100
刘杰	38	42	42	120
艾薇	64	45	43	102
董建	39	39	57	104
龙飞	48	36	56	107
杨小龙	49	45	52	110
于洋	37	44	51	99
周维	37	40	59	130
苏周	29	47	50	140
罗薇薇	61	49	57	100
文杰	48	48	56	104
董小妹	40	44	54	103
龙腾	51	50	62	100
白小虎	52	43	52	122
汇总	690	646	787	1639

图4–15　销售统计

结构化引用格式：表名称 [[表字段],[列标题]]

说明：

（1）表名称：可以单独使用表名称来引用除标题行和汇总行以外的“表”区域。例如：

=SUM(销售统计)

求出“销售统计”表中的销售总和。

（2）列标题：用方括号包含，引用的是该列除标题和汇总以外的数据区域。例如：

=SUM(销售统计[浴霸])

求出“销售统计”表中的列标题“浴霸”销售合计。

（3）表字段：有5项。

①[#全部]：指引用表中含标题行、数据区域和汇总行在内的全部单元格区域。例如：

=SUM(销售统计[[#全部],[热水器]]:销售统计[[#全部],[电视机]])

求销售统计表中含标题行、数据区域、汇总行在内的全部单元格区域数据的和。

②[#数据]：默认此项，一般指引用表中数据区域单元格。例如下面两个公式的结果是一样的。

=SUM(销售统计[[热水器]:[电视机]])

=SUM(销售统计[[#数据],[热水器]:[电视机]])

③[#汇总]：指引用表中汇总行区域单元格。例如：

=SUM(销售统计[[#汇总],[热水器]:[电视机]])

用汇总行数据进行求和。

④[#标题]：指引用表中标题行区域单元格。

⑤@ 此行，即公式所在行，不用方括号包含。例如：

=SUM(销售统计[@[热水器]:[电视机]])

求出公式所在行从热水器到电视机之间单元格的合计。

实训任务 5

1. 在 Excel 中，创建表格有 3 种方法，请说出其中的任意两种。
2. 如果为表格添加"汇总"行，默认汇总方式为＿＿＿＿。
3. 如果在表格中添加数据时，公式中引用了表格的数据范围，则会＿＿＿＿。

学习任务 4.6　Excel 函数

案例 4.6.1　函数的概念

Excel函数是按照特定的顺序、结构来执行计算、分析等数据处理任务的功能模块。Excel函数也称为"特殊公式"。与公式一样，Excel函数的最终返回结果为值。

Excel函数只有唯一的名称，并且不区分大小写。

案例 4.6.2　函数的结构

Excel函数由函数名和参数构成。参数由半角圆括号括起。例如：IF(A1=B1,"相等","不相等")；有的函数没有参数或不需要参数，如ROW( )、COLUMN( )、PI( )、RAND( )函数等，但括号不能省略。

函数的参数有两个及两个以上时，参数与参数之间用半角逗号（","）隔开。例如：函数IF(A1=B1,"相等","不相等")中3个参数分别用","隔开。

函数的参数可以是数值、日期和文本等类型数据，可以使用常量、数组、单元格引用或其他函数。函数的参数中包含函数时，称为函数的嵌套。

案例 4.6.3　可选参数与必选参数

在函数语法中，可选参数一般用一对方括号"[]"括起来，当函数有多个可选参数时，可从右向左依次省略参数。

例如OFFSET函数语法为：

OFFSET(偏移量参照系,偏移行数,偏移列数,[行数],[列数])

其中，"行数""列数"参数都为可选参数。如果函数使用4个参数，则第4个参数就会被认为是"行数"。

在公式中，有些参数可以省略其值，而在前一参数后紧跟一个逗号，用于保留参数的位置，这种方式称为"省略参数的值"或"简写"，常用于代替逻辑值FALSE、数值0或者空文本等参数值。

例如："=OFFSET(A1,0,0,1,1)"简写后为"=OFFSET(A1,,,,)"。

案例 4.6.4 常用函数的分类

根据函数的功能和应用领域，可分为以下12个类别：

→文本函数

→信息函数

→逻辑函数

→查找和引用函数

→日期和时间函数

→统计函数

→数学和三角函数

→数据库函数

→财务函数

→工程函数

→多维数据集函数

→兼容性函数

实训任务 6

1. Excel 函数只有唯一的名称且 _____ 大小写，每个函数都有特定的功能和用途。

2. 在公式中使用函数时，通常由表示公式开始的符号、函数名称、左括号、以 _____ 相间隔的参数和右括号构成。

3. 一些函数可以仅使用其部分参数，在函数语法中，可选参数一般用 _____ 包含起来进行区别，当函数有多个可选参数时，可以从右向左依次省略参数。

4. 在公式中，有些参数可以省略参数值，在前一参数后紧跟一个逗号，用于保留参数的位置，这种方式称为"省略参数的值"或"简写"，常用于代替逻辑值 FALSE、数值 _____ 或空文本等参数值。

5. 省略参数指的是将参数连同前面的逗号（如果有）一同去除，仅适用于 _____ 参数；省略参数的值（即简写）指的是保留参数前面的逗号，但不输入参数的值，可以是可选参数，也可以是必需参数。

6. 在 Excel 函数中，根据来源的不同，可将函数分为内置函数、扩展函数、自定义函数和_____4类。

学习任务 4.7　函数输入和编辑

案例 4.7.1　使用"自动求和"按钮插入函数

在"公式"选项卡中，有一个显示∑字样的"自动求和"按钮（"开始"选项卡"编辑"组中也有此按钮），它有6个选项：求和、平均值、计数、最大值、最小值和其他函数，默认情况下单击该按钮或者按Ctrl+=组合键将插入"求和"函数。

（1）单击"其他函数"按钮时，将打开"插入函数"对话框。

（2）单击其他5个按钮时，Excel将智能地根据所选取单元格区域和数据情况，自动选择公式统计的单元格范围，以实现快捷输入。

（3）当将要计算的表格区域处于筛选状态时，单击该按钮将应用SUBTOTAL函数的相关功能。

例 4.10　使用"自动求和"按钮计算商品销售额

步骤1：如图4-16所示，选择空白单元格区域B18:E18或者数据所在的B3:E7单元格区域，然后单击"公式"选项卡"自动求和"下拉按钮，在扩展菜单中单击"求和"命令，都可以在B18:E18单元格区域应用以下公式：

=SUM(B3:B17)

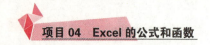

图4-16　使用"自动求和"按钮计算商品销售额

步骤2：选择空白单元格区域F3:F17，单击"公式"选项卡"自动求和"按钮，将在F3:F17单元格区域应用以下公式：

=SUM(B3:E3)

注意：在步骤2中，如果选择B3:E3单元格区域（一行包含数据的单元格）并单击"自动求和"按钮，这将在其右侧的第1个空白单元格F3中应用求和公式。但如果选择多行包含数据的单元格区域，则只能在下方而不是右侧第1行空白单元格处应用求和公式。

案例 4.7.2 使用函数库插入已知类别的函数

如图4-17所示，在"公式"选项卡"函数库"组中，Excel内置了财务、逻辑、文本、日期和时间、查找与引用、数学和三角函数、其他函数等多个下拉按钮，用户可以根据需要插入内置函数。

图4-17 使用"函数库"插入已知类别的函数

案例 4.7.3 使用"插入函数"向导搜索函数

在Excel中，还可以使用"插入函数"向导选择或搜索所需函数。以下4种方法均可以打开"插入函数"对话框，效果如图4-18所示。

（1）单击"公式"选项卡上的"插入函数"按钮。

（2）在"公式"选项卡的"函数库"组中各分类函数的下拉按钮的扩展菜单中，单击"插入函数"；或单击"自动求和"下拉按钮，在扩展菜单中单击"其他函数"。

（3）单击"编辑栏"左侧的"插入函数"按钮。

（4）按Shift+F3组合键。

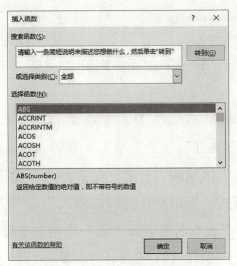

图4-18 插入函数对话框

如图4-19所示，在"搜索函数"编辑框中输入"平均"，单击"转到"按钮，对话框将显示"推荐"的函数列表，选择需要的函数，例如AVERAGE函数，单击"确定"按钮，弹出"函数参数"对话框。

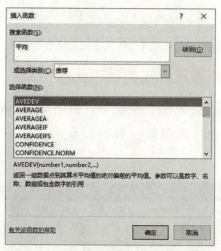

图4-19 搜索"平均"相关的函数

如图4-20所示，"函数参数"对话框中主要有函数名、参数编辑框、参数简介及参数说明、计算结果等。在参数编辑框中，允许直接输入参数，或单击其右侧的"折叠"按钮以选取单元格区域，其右侧将实时显示所输入参数的值。参数输入完毕后，单击"确定"按钮。

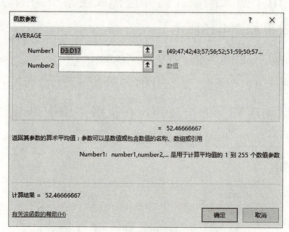

图4-20 "函数参数"对话框

案例 4.7.4 使用公式记忆式键入手工输入函数

在Excel中，可通过单击"文件"→"选项"，在弹出的在"Excel选项"对话框的"公式"选项卡中勾选"使用公式"区域的"公式记忆式键入"复选框，选择使用"公式记忆式键入"模式，系统默认为此模式。当用户在编辑或输入公式时，系统会自动显示以输入的字符开头的函数或已定义名称、"表"名称以及"表"的相关字段名下拉列表。

例如，在单元格中输入"=SU"后，Excel将自动显示所有以SU开头的函数、名称或"表"的扩展下拉菜单。在扩展下拉菜单中移动上、下方向键或用鼠标选择不同的函数，其右侧将显示此函数的功能简介，双击鼠标或者按Tab键可将此函数添加到当前的编辑位置，既提高了输入效率,又确保输入函数名称的准确性。

案例 4.7.5 利用帮助功能学习函数使用

Excel 2019比之前的系统帮助信息更详细,更容易理解和便于用户学习,但帮助信息要在联机的情况下才能使用,如图4-21所示。

函数帮助信息中,语法是折叠的,可以展开查看。语法中对函数的格式、参数做了详尽的介绍,并给出了简单的函数示例。帮助信息中,还有视频介绍该函数的使用方法,非常直观,是学习Excel的好帮手。

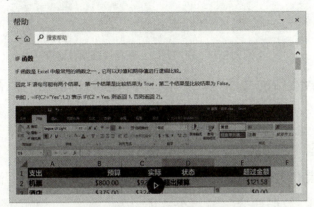

图4-21 获取函数帮助信息

使用以下方法可以打开函数帮助信息:

(1)在单元格中输入等号和函数名称后,按F1键。

(2)在"函数参数"对话框中选中函数名称,再单击左下角的"有关该函数的帮助"链接,如图4-22所示。

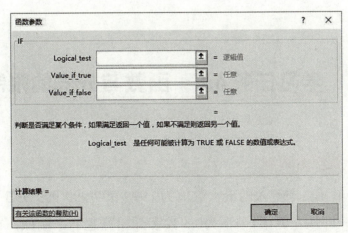

图4-22 在"函数参数"对话框中打开帮助文件

(3)直接按F1键打开"帮助"窗格,在顶部的搜索框中输入关键字,选择要搜索的内容,就会显示与之有关的函数。单击函数名称,将在"帮助"窗格中打开关于该函数的帮助文件,如图4-23所示。

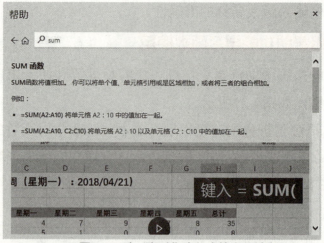

图4-23 在"帮助"窗格中搜索关键字

在"帮助"窗格中查看帮助文件时,要求计算机能够正常联网,否则无法加载内容。

实训任务7

1. 默认情况下,单击"自动求和"按钮或按 Alt+= 组合键将插入 _____ 函数。

2. 通常情况下,如果在数据区域之间使用"自动求和"功能进行计算,Excel默认自动选择公式所在行 _____ 的数据部分,或者公式所在列 _____ 侧的数据部分求和。

3. 使用"插入函数"向导,能够方便用户选择或搜索所需函数,请说出打开"插入函数"对话框的几种方法。

4. 请说出查看函数帮助信息的几种方法。

学习任务4.8 函数与公式的限制

案例4.8.1 计算精度限制

尽管Excel允许在单元格中键入的最大数值为9.999 999 999 999 99E+307,但其计算精度为15位数字(含小数,即从左侧第1个不为0的数字开始算起),例如,在单元格中输入数字123 456 789 012 345 678和0.001 234 567 890 123 456 78,超过15位数字部分将自动变为0,即变为123 456 789 012 345 000和0.001 234 567 890 123 45。

注意:在输入超过15位数字(如18位身份证号码)时,需事先设置单元格为"文本"格式后再输入,或输入时先输入半角单引号"'",强制以文本形式存储数字;否则,后三位数转为0之后将无法逆转。

案例 4.8.2 公式字符限制

在Excel 2019中，公式内容最多为8 192个字符，但在Excel 97-2003中，公式内容最多为1 024个字符。

案例 4.8.3 函数参数的限制

在Excel 2019中，内置函数最多可以包含255个参数，但在Excel 97-2003中，内置函数的参数最多30个。

案例 4.8.4 函数嵌套层数的限制

当使用函数作为另一个函数的参数时，称为函数的嵌套。在Excel 2019中，一个公式最多可以包含64层嵌套，而在Excel 97-2003中，最多允许嵌套层数为7层。

案例 4.8.5 公式中常见错误列表

在使用公式进行计算时，可能会由于某种原因而无法得到或显示正确结果，在单元格中返回错误值信息。常见的错误值及其含义见表4-5。

表4-5 常见的错误值及其含义列表

错误值	含 义
#####	列宽不够显示数字，或者使用了负的日期或负的时间
#VALUE!	使用的参数或操作数类型错误
#DIV/0!	数字被零（0）除
#NAME?	Excel 未识别公式中的文本
#N/A	数值对函数或公式不可用
#REF!	单元格引用无效
#NUM!	公式或函数中使用无效数字值
#NULL!	用空格表示两个引用单元格之间的相交运算符，但指定了并不相交的两个区域的交点

实训任务 8

1. 在 Excel 2013 中，公式内容最多为 _____ 个字符。

2. 在 Excel 2013 中，内置函数最多可以包含 _____ 个参数。

3. 在 Excel 2013 中，一个公式最多可以包含 _____ 层嵌套。

学习任务 4.9　函数介绍

案例 4.9.1　逻辑与信息函数

1. 与运算函数AND()。

格式：AND(参数1,参数2,…)

功能：所有参数的值都为"真"时，返回值TRUE；否则，返回值FALSE。

2. 或运算函数OR()。

格式：OR(参数1,参数2,…)

功能：当其中1个参数为"真"时，返回值TRUE；否则，返回值FALSE。

3. 非运算函数NOT()。

格式：NOT(参数)

功能：当参数值为TRUE时，返回值为FALSE；反之，当参数值为FALSE时，返回值为TRUE。

4. 条件判断函数IF()。

格式：IF(参数1，[参数2]，[参数3])

功能：当参数1的值为TRUE时，函数返回值为参数2；否则，返回值为参数3。

说明：参数2和参数3可以省略。

例 4.11　利用 IF 函数判断销售量是否达标

如图4-24所示，公司每人销售量达到2 500就达标；否则，为不达标。在E2单元格中键入公式：

=IF(D2>=2500,"达标","不达标")

将E2单元格中的公式复制至E6单元格，即得到E2:E6单元格区域的结果。

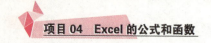

图4-24　逻辑函数计算销售达标情况

例 4.12　找出符合退休条件的员工

如图4-25所示，如果员工退休条件是"男职工60岁退休，女职工50岁退休"，找出符合退休条件的员工。

在F3单元格中键入公式：

=IF(OR(AND(D3="男",E3>=60),AND(D3="女",E3>=50)),"符合"," ")

将F3单元格中的公式复制到F4:F10单元格区域即可。

F3　=IF(OR(AND(D3="男",E3>=60),AND(D3="女",E3>=50)),"符合","")

	A	B	C	D	E	F	G	H
1	找出符合退休条件的员工							
2	工号	姓名	部门	性别	年龄	是否符合退休条件		
3	A001	李林	研发部	男	60	符合		
4	A002	张华	经营部	女	47			
5	A003	孙生男	研发部	男	49			
6	A004	刘义	经营部	女	52	符合		
7	A005	赵国庆	研发部	男	62	符合		
8	A006	王添力	总经办	女	38			
9	A007	刘德花	经营部	女	50	符合		
10	A008	蒋文菜	总经办	女	40			

图4-25　找出符合退休条件的员工

例 4.13 巧用逻辑判断汇总各部门工资

如图4-26所示，利用C3:C10单元格区域是否等于F3单元格的内容形成的逻辑值，乘以D3单元格的值，因逻辑值为TRUE时，其数值为1，逻辑值为FALSE时，其数值为0，再利用数组示出所有部门为“研发部”（F3单元格内容）的乘积的和，就是所有“研发部”的工资总和。G3单元格公式为：

{=SUM(($C$3:$C$10=$F3)*$D$3:$D$10)}

将公式复制到G4、G5单元格即可。

G3　{=SUM(($C$3:$C$10=$F3)*$D$3:$D$10)}

	A	B	C	D	E	F	G
1	巧用逻辑判断汇总各部门工资						
2	工号	姓名	部门	工资		部门	工资
3	A001	李林	研发部	2160		研发部	6770
4	A002	张华	经营部	2600		经营部	11740
5	A003	孙生男	研发部	2460		总经办	6700
6	A004	刘义	经营部	4380			
7	A005	赵国庆	研发部	2150			
8	A006	王添力	总经办	3200			
9	A007	刘德花	经营部	4760			
10	A008	蒋文菜	总经办	3500			

图4-26　巧用逻辑判断汇总各部门工资

案例 4.9.2 文本处理函数和信息函数

在Excel中，文本类型数据占有较大比例，因此学好文本处理函数就显得非常重要，首先我们介绍处理文本的基本方法，比如文本截取、文本定位、文本替换、文本比较、文本重复；接着介绍处理字符的基本技巧，例如转换大小写、删除多余空格和处理非打印字符；然后通过一些案例，介绍财务数字金额拆分实例、格式化设备编号、转换中文大写金额等。

在公式中，文本需要被一对半角双引号包含。

1. 左选函数LEFT( )。

格式：LEFT(字符串,[个数])

功能：从"字符串"第1个字符开始，返回指定"个数"的字符串。

说明：如果[个数]省略，则默认个数为1；如果[个数]为0，则返回空字符串；如果[个数]为负值，则出错；如果[个数]大于字符串字符个数，则返回字符串本身。

2. 右选函数RIGHT( )。

格式：RIGHT(字符串,[个数])

功能：从"字符串"最后1个字符开始，返回指定"个数"的字符串。

说明：如果[个数]省略，则默认个数为1；如果[个数]为0，则返回空字符串；如果[个数]为负值，则出错；如果[个数]大于字符串字符个数，则返回字符串本身。

3. 抽选函数MID( )。

格式：MID(字符串,起始位置,个数)

功能：从"字符串"的"起始位置"字符开始，返回指定"个数"的字符串。

4. 判断奇数函数ISODD( )。

格式：ISODD(数据)

功能：判断给定"数据"是否为奇数，若是，返回TRUE；否则，返回FALSE。

5. 判断偶数函数ISEVEN( )。

格式：ISEVEN(数据)

功能：判断给定"数据"是否为偶数，若是，返回TRUE；否则，返回FALSE。

6. 文本连接符&。

文本连接符"&"可以将两个文本连接成一个新的文本，连续使用可以将多个文本合并在一起。

例 4.14 灵活使用 & 生成参数传递给函数

如图4-27所示，A2:A11单元格区域为数据，右侧表格是需要统计满足行标题和列标题所确定条件的数据个数，比如D2单元格是统计A2:A11单元格区域中">=20"的数字个数。

D2单元格公式可以书写为=COUNTIF(A2:A11,">=20")，返回数字10。虽然这种公式可以返回正确结果，但是条件参数设置成了文本型常量，无法在复制公式时改变条件参数，因此效率很低。可以在D2单元格中输入以下公式，并复制到D2:H3单元格区域。

=COUNTIF($A$2:$A$11,$C2&D$1)

COUNTIF函数条件参数的类型为文本，因此可以通过文本连接符"&"来灵活构造。D2单元格的条件是由C2单元格的">="和D1单元格"20"确定的，因此可以使用表达式"$C2&D$1"来实现，其中的单元格采取了混合引用方式，使得公式在复制填充过程中可以智能调整。

D2　=COUNTIF($A$2:$A$11,$C2&D$1)

	A	B	C	D	E	F	G	H	I
1	数据		个数统计	20	30	40	50	60	
2	22		>=	10	9	7	6	5	
3	44		<=	0	2	3	4	6	
4	30								
5	67								
6	80								
7	63								
8	60								
9	65								
10	36								
11	51								

图4–27　灵活使用文本连接符&

对于类型为文本的参数，都可以利用文本的特性来灵活构造参数，如果能结合更多的文本函数处理技巧，就能让公式更加灵活。

7.文本重复函数REPT( )。

格式：REPT(TEXT,N）

功能：生成一个文本，由指定的TEXT重复N次。

例如：在A2单元格中输入公式=REPT("Good",4)，生成的字符串为“GoodGoodGoodGood”。

例 4.15　用身份证信息找出性别及出生年、月、日信息

如图4-28所示，在A3:A12单元格区域中的是居民的第二代身份证号，身份证号中第17位是性别信息，奇数为男，偶数为女，因此，从身份证号的第17位截取1位并判断其是否是奇数，若是奇数，性别为“男”，否则，为“女”。在B3单元格中输入如下公式并复制到B4:B12单元格区域即可。

=IF(ISODD(MID(A3,17,1)),"男","女")

身份证号中还包含出生年、月、日信息，分别是身份证号中从第7位开始的4位、第11位开始的2位和第13位开始的2位，在C3、D3和E3单元格中分别输入以下3个公式，并向下复制至第12行即可找出出生年、月、日信息。

=MID(A3,7,4)

=MID(A3,11,2)

=MID(A3,13,2)

B3　=IF(ISODD(MID(A3,17,1)),"男","女")

	A	B	C	D	E	F
1	用身份证信息找出性别、出生年、月、日信息					
2	身份证号	性别	年	月	日	
3	130XXX19800502752X	女	1980	05	02	
4	130XXX199910264431	男	1999	10	26	
5	130XXX199912154412	男	1999	12	15	
6	130XXX197908034435	男	1979	08	03	
7	130XXX197910244810	男	1979	10	24	
8	130XXX197010153999	男	1970	10	15	
9	130XXX198402264414	男	1984	02	26	
10	130XXX198702124448	女	1987	02	12	
11	130XXX199011024418	男	1990	11	02	
12	130XXX198108024436	男	1981	08	02	

图4–28　用身份证信息找出性别及出生年、月、日信息

例4.16 打印模拟发票

如图4-29所示的模拟发票,需要将E列对应的金额逐位填入F~O列的单元格中,要实现这个效果,可以参考以下思路。

图4-29 待拆分财务数字金额的表格

以E5单元格金额27 869.00为例,拆分后在F~O列中需要的显示效果为"¥2786900",即前两位是空格,紧跟货币符号"¥",最后是金额数字,共10位字符,此金额文本由3部分组成:空格、货币符号"¥"和金额数字,通过以下公式可以得到。

=RIGHT(REPT(" ",10)&"¥"&$E5*100,10)

将E5单元格乘以100,去除金额数字的小数点。由于金额数字的位数是不确定的,最后金额文本需要凑足10位,因此这里对空格重复了10次,并使用RIGHT函数截取10位字符。

得到金额后,使用MID函数逐位截取字符即可将字符分配到对应单元格,因此F5单元格公式可以书写为:

=MID(RIGHT(REPT(" ",10)&"¥"&$E5*100,10),COLUMN(A1),1)

最后考虑E列金额单元格为空时,F~O列返回空白,因此可以使用以下公式进行处理:

=IF($E5,MID(RIGHT(REPT(" ",10)&"¥"&$E5*100,10),COLUMN(A1),1),"")

空白单元格直接作为IF函数判断条件时,返回数字0,等价于逻辑FALSE。将F5单元格的公式填充至整个F5:O10单元格区域后,得到图4-30所示效果。

图4-30 拆分金额数字后的表格

8.测字符串长度函数LEN( )。

格式:LEN(字符串)

功能:返回指定字符串的字符数。

例如:=LEN("Good morning!")

返回值13。

9.查找字符函数FIND( )。

格式：FIND(字符,字符串,[开始查找位置])

功能：从指定"字符串"的"开始查找位置"开始向右查找指定"字符"，找到后返回其在"字符串"中的位置。

说明：

（1）区分大小写。

（2）不能使用通配符（EARCH函数格式、功能与FIND函数基本一致，但支持通配符）。

（3）[开始查找位置]可省略，默认为1。如：

=FIND("o","Good morning!")

返回值为2。

=FIND("o","Good morning!",5)

返回值为7。

案例4.9.3 数学函数

1.求和函数SUM( )。

格式：SUM(参数1,参数2,...)

功能：多个参数求和。

说明：

（1）参数1，参数2，…，最多有255个参数；

（2）参数可以是数字、逻辑值、表达式、单元格名称、连续单元格的集合和单元格区域名称，以上所列类别将会被计算。

（3）如果number1等参数为单元格名称、连续单元格集合、单元格区域名称，则只计算其中的数值和函数公式数值结果部分，不计算逻辑值、表格中的文字表达式。

SUM函数示例见表4-6。

表4-6 SUM函数

样表	A
1	3
2	1
3	1+2
4	(1+2=3)
5	3d

注：表中A为列号，左侧1~5为行号。

在A6单元格中输入以下公式：

=SUM(1,2,3)

结果为6，计算1、2、3三个数字的和。

=SUM(a1:a2)

结果为4，计算a1到a2单元格数据之和。

=SUM((1+2=3),(1+2),(a1:a2))

结果为8，因为(1+2=3)表达式的结果为真，在电脑中的结果为1，1+2表达式的结果3会被计算，a1到a2单元格之和4会被计算，所以最后的结果为8。

=SUM(a1:a5)

结果为4，不计算引用单元格中的文字表达式（1+2）、逻辑表达式（(1+2=3)）、不计算字符3d。

2.求乘积函数PRODUCT( )。

格式：PRODUCT(参数1,参数2,…)

功能：多个参数乘积。

说明：

（1）参数1，参数2，…，最多有255个参数。

（2）参数可以是数值型、逻辑型和代表数值的字符串。

3.求余数函数MOD( )。

格式：MOD(被除数,除数)

功能：两数整除后的余数。

说明：MOD( )函数值的符号与除数相同。

余数函数MOD()示例见表4-7。

表4-7 余数函数MOD()示例

公式	说明	结果
=MOD(3, 2)	3/2 的余数	1
=MOD(-3, 2)	-3/2 的余数	1
=MOD(3, -2)	3/-2 的余数。符号与除数相同	-1
=MOD(-3, -2)	-3/-2 的余数。符号与除数相同	-1

例：

=IF(MOD(A2,2),"偶数","奇数")

判断A2单元格的数据是偶数还是奇数。

=IF(MOD(MID(B2,17,1),2),"女","男")

判断B2单元格的身份证号码是"男"还是"女"。

4.截取整数函数INT( )。

格式：INT(参数)

功能：将数字向下舍入到最接近的整数。

例：

=INT(8.9)

将8.9向下舍入到最接近的整数，结果为8。

=INT(-8.9)

将-8.9向下舍入到最接近的整数。向下舍入负数,会朝着远离0的方向将数字舍入。结果为-9。

=A2-INT(A2)

返回单元格 A2 中正实数的小数部分。

5.直接截取函数TRUNC( )。

格式：TRUNC(参数,[小数位数])

功能：返回参数中的小数位数前的数据，省略小数位数则默认为0。

例：

=TRUNC(8.875,2)

返回值为8.87。

=TRUNC(-8.875,2)

返回值为-8.87。

6.四舍五入截取函数ROUND( )。

格式：ROUND(参数,小数位)

功能：返回指定小数位数的数据，下一位实行四舍五入。若小数位是负数，则从小数点向前的指定位数进行四舍五入取舍。

例：

=ROUND(854.456,2)

返回值为854.46。

=ROUND(854.456,-2)

返回值为900。

7.求绝对值函数ABS( )。

格式：ABS(参数)

功能：返回数字的绝对值。一个数字的绝对值是该数字不带其符号的形式。

例：

=ABS(2)

返回值为2。

=ABS(-2.1)

返回值为2.1。

8.求随机数函数RAND( )。

格式：RAND( )

功能：返回大于等于0且小于1的均匀分布随机实数。每次计算工作表时，都将返回一个新的随机实数。

说明：函数没有参数。

例：

=RAND()

生成1个大于等于0但小于1的随机数。

=RAND()*(b-a)+a

生成1个a与b之间的随机实数。

=INT(RAND()*(b-a))+a

生成1个大于等于a，小于b的整数。

9.排序函数RANK.EQ( )。

格式：RANK.EQ(数值,排序范围引用,[排序方式])

功能：返回数值在引用单元格中的排名顺序。

说明：

（1）排序范围引用可以是多个不连续的区域。

（2）排序方式，默认为0，按降序排序；非0，按升序排序。

例 4.17 利用排序函数对学员成绩排名进行排序

如图4-31所示，对全班40名同学按总分从高到低进行排名，在D3单元格中输入如下公式并复制到D4:D22和H3:H22单元格区域。

=RANK.EQ(C3,($C$3:$C$22,$G$3:$G$22))

D3　=RANK.EQ(C3,($C$3:$C$22,$G$3:$G$22))

	A	B	C	D	E	F	G	H
1	会计一班成绩排名表							
2	学号	姓名	总分	班级排名	学号	姓名	总分	班级排名
3	1	陈秀娜	608	2	21	陈建梅	520	31
4	2	陈洋洋	350	39	22	王晶花	588	15
5	3	李丽静	590	13	23	房佩佩	586	17
6	4	陈凤利	601	5	24	崔未花	577	20
7	5	陈志英	591	12	25	陈双梅	543	28
8	6	高秀连	597	8	26	刘学海	521	30
9	7	郭利花	540	29	27	张燕敏	520	31
10	8	赵墨菊	510	33	28	姚爱华	589	14
11	9	张慧慧	549	27	29	栾静波	553	26
12	10	郭珍珍	555	25	30	张粉英	574	24
13	11	田改英	587	16	31	张艳英	582	19
14	12	田社英	577	20	32	张丽沙	576	22
15	13	崔俊芬	576	22	33	牛巧凤	585	18
16	14	崔苗苗	599	6	34	谢瑞红	603	3
17	15	王红霞	594	9	35	王楠楠	610	1
18	16	宋院芳	593	10	36	李秀芹	380	38
19	17	崔莉美	598	7	37	赵红梅	484	37
20	18	陈艳花	603	3	38	刘改芬	488	36
21	19	崔丰利	208	40	39	郭丽敏	502	35
22	20	陈建超	510	33	40	张合芳	593	10

图4-31　利用排序函数对学员成绩排名进行排序

案例 4.9.4 日期和时间函数

日期和时间数据也是用户在日常工作中经常遇到的数据类型。

1.日期和时间数据的本质。

在Excel中,日期和时间数据的本质是序列值。整数1表示1天,纯小数表示其中的时、分、秒,例如,1/24表示1小时,1/1 440表示1分钟,1/86 400表示1秒,1/86 400 000表示1毫秒,毫秒是Excel可精确的最小刻度。

在Excel中,可识别的日期区间为1900-1-0~9999-12-31。其中,1900-1-0对应序数0,1900-1-1对应序数1,1900-1-2对应序数2,依此类推。

在单元格输入中,可以用两位数字的短日期形式来表示年份,其中00~29会转化为2000年至2029年,30~99则自动转换为1930年至1999年。为了避免Excel识别错误,应尽量使用4位年份输入日期数据。

默认情况下,年、月、日之间的间隔符号包括"/"和"-"两种,二者可以混合使用,使用其他间隔符号都无法正确识别为有效的日期格式。

中文的"年""月""日"可以作为日期数据的单位被正确识别,如在单元格中依次输入"2019年8月16日",可以得到2019年8月16日的日期。

Excel可以识别以英文单词或英文缩写形式表示月份的日期,如单元格输入"May-15",Excel会识别为系统当前年份的5月15日。

无论使用了哪种日期格式,当单击日期所在单元格时,编辑栏都会以系统默认的短日期格式显示,如图4-32所示。

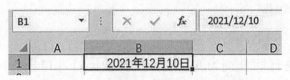

图4-32 编辑栏内的日期显示效果

2.日期和时间数据的识别。

在单元格中输入文本"2019-12-12"时,Excel能自动识别出是日期数据,于是存储对应的日期序列值43811,并自动将单元格设置为日期格式,于是显示为"2019-12-12"。将单元格设置为"常规"格式,可以看到对应的序列值。

对于合法的日期形式的文本型数据,在强制运算时,也能被Excel识别,并以日期序列值的形式参加运算。

3.生成日期函数DATE( )。

格式:DATE(year,month,day)

功能:DATE函数返回表示特定日期的连续序列号。

说明:

如公式"=DATE(2019,12,12)"返回43811,该序列号表示2019-12-12。

DATE函数()示例见表4-8。

表4–8　DATE函数()示例

年	月	日
2011	1	1
数据		
20111125		
公式	说明	结果
=DATE(A2,B2,C2)	通过使用单元格 A2、B2 和 C2 作为 DATE 函数的参数而得到的日期的序列日期	40544
=DATE(YEAR(TODAY()),12,31)	当前年份的最后一天的序列日期	41274
=DATE(LEFT(A4,4),MID(A4,5,2),RIGHT(A4,2))	一个将 A4(20111125) 中表示日期的文本字符串从 "YYYYMMDD" 格式转换为日期的公式	2011-11-25

4.求系统当前日期函数TODAY()。

格式：TODAY()

功能：返回系统当前日期。

说明：TODAY函数没有参数。

例如：计算1985年出生的人的年龄，可用公式：

=YEAR(TODAY())-1985

5.求年份函数YEAR()。

格式：YEAR（日期）

功能：求指定日期的年份。

说明：年份是1900~9999之间的整数。

例如：A3、A4单元格日期分别为2018-7-5和2019年11月11日，则

=YEAR(A3)

返回结果为2018。

=YEAR(A4)

返回结果为2019。

6.求月份函数MONTH()。

格式：MONTH(日期)

功能：求指定日期的月份。

说明：月份是介于1（一月）~12（十二月）之间的整数。

例如：D4单元格为2011-4-25，则

=MONTH(D4)

结果为4。

7.求日期函数DAY()。

格式：DAY(日期)

功能：返回以序列数表示的某日期的天数。天数是1~31之间的整数。

例如：A2单元格内容为2019-6-18，则

=DAY(A2)

返回结果为18。

8.求星期几函数WEEKDAY()。

格式：WEEKDAY(日期,[返回类型])

功能：返回指定日期是星期几。默认情况下返回1（星期日）~7（星期六）范围内的整数，不符合国人的习惯，因此，建议选择2，此时将星期一作为一周的开始。

返回类型见表4-9。

表4-9 返回类型

1或省略	数字1（星期日）到7（星期六）。同 Microsoft Excel 早期版本
2	数字1（星期一）到7（星期日）
3	数字0（星期一）到6（星期日）
11	数字1（星期一）到7（星期日）
12	数字1（星期二）到数字7（星期一）
13	数字1（星期三）到数字7（星期二）
14	数字1（星期四）到数字7（星期三）
15	数字1（星期五）到数字7（星期四）
16	数字1（星期六）到数字7（星期五）
17	数字1（星期日）到7（星期六）

例如：A2单元格数据为2018-10-1，则

=WEEKDAY(A2)

使用数字1（星期日）~7（星期六）。

=WEEKDAY(A2,2)

使用数字1（星期一）~7（星期日）。

=WEEKDAY(A2,3)

使用数字0（星期一）~6（星期日）。

9.生成时间函数TIME()。

格式：TIME(时,分,秒)

功能：按指定的时、分、秒生成时间。

说明：时、分、秒均是0~32 767之间的数值，都分别是除以24、60、60的余数作为时、分、秒数，但秒超过60时向分进位，分超过60时向时进位。

例如：A1、B1、C1单元格分别是12、0、0，则

=TIME(A1,B1,C1) 返回时间为：12:00 PM。

10.求小时函数HOUR()。

格式：HOUR(时间)

功能：返回时间值的小时数。小时数是0（12:00 AM）~23（11:00 PM）之间的整数。

例如：A2单元格时间为7:45，则

=HOUR(A2)

返回值为12。

11.求分钟函数MINUTE()。

格式：MINUTE(时间)

功能：返回指定时间的分钟数。分钟是 0（零）~59的整数。

12.求秒函数SECOND()。

格式：SECOND(时间)

功能：返回时间值的秒数。秒数是 0（零）~59的整数。

例 4.18 转换不规范日期数据

在日常工作中，由其他部门或其他同事提供的文件，往往有不规范的数据存在，在汇总分析前，需要首先处理表格中的不规范数据，如图4-33所示。

1	日期	交易类型	凭证种类	凭证号	摘要	借方发生额	贷方发生额
2	2019.3.29	转账	资金汇划补充凭证	21781169	B2CEB0000000	0.00	1390
3	2019.3.30	转账	资金汇划补充凭证	29241611	B2CEB0000000	0.00	1239
4	2019.3.31	转账	资金汇划补充凭证	30413947	B2CEB0000000	0.00	3124
5	2019.4.1	转账	资金汇划补充凭证	37378081	B2CEB0000000	0.00	2234
6	2019.4.1	转账	资金汇划补充凭证	42656071	B2CEB0000000	0.00	179
7	2019.4.2	转账	资金汇划补充凭证	44353741	B2CEB0000000	0.00	1325
8	2019.4.2	转账	资金汇划补充凭证	48771371	B2CEB0000000	0.00	60
9	2019.5.11	转账	资金汇划补充凭证	59292425	B2CEB0000000	0.00	617
10	2019.5.12	转账	资金汇划补充凭证	64891447	B2CEB0000000	0.00	406

图4-33 录入了不规范日期的表格

A列日期中使用了小数点作为间隔符号，为了便于对数据按年、月、日进行汇总分析，需要将日期转换为Excel中的日期格式。使用Excel的替换功能可以快速处理该类型的日期数据。首先选中A列所有数据，然后按Ctrl+H组合键，在弹出的“查找和替换”对话框的“查找内容”编辑框内输入小数点“.”，在“替换为”编辑框内输入减号“-”，然后单击“全部替换”按钮，在弹出的对话框中，单击“确定”按钮，然后关闭“查找和替换”对话框即可，如图4-34所示。

1	日期	交易类型	凭证种类	凭证号	摘要	借方发生额	贷方发生额
2	2019/3/29	转账	资金汇划补充凭证	21781169	B2CEB0000000	0.00	1390
3	2019/3/30	转账	资金汇划补充凭证	29241611	B2CEB0000000	0.00	1239
4	2019/3/31	转账	资金汇划补充凭证	30413947	B2CEB0000000	0.00	3124
5	2019/4/1	转账	资金汇划补充凭证	37378081	B2CEB0000000	0.00	2234
6	2019/4/1	转账	资金汇划补充凭证	42656071	B2CEB0000000	0.00	179
7	2019/4/2	转账	资金汇划补充凭证	44353741	B2CEB0000000	0.00	1325
8	2019/4/2	转账	资金汇划补充凭证	48771371	B2CEB0000000	0.00	60
9	2019/5/11	转账	资金汇划补充凭证	59292425	B2CEB0000000	0.00	617
10	2019/5/12	转账	资金汇划补充凭证	64891447	B2CEB0000000	0.00	406

图4-34 不规范日期替换结果

有时从其他系统导出的日期格式为4位年份+2位月份+两位天数，Excel不能识别为日期，因此需要对它进行转换。例如，在A2单元格有“20181206”，将转换的日期存放到B2单元格，在B2单元格中输入公式：

=--TEXT(A2,"0-00-00")

将B2单元格设置为相应的日期格式即可。

有时从其他系统导出的日期格式为4位年份+2位月份+2位天数+2位小时数+2位分钟数+2位秒数，如"20181206122431"，则需要将其转换是日期时间格式。例如，在C2单元格有"20181206122431"，将转换后的日期和时间数据存放到D2单元格，则在D2单元格输入公式：

=--TEXT(C2,"0!/00!/00 00!:00!:00")

将D2单元格设置为相应的日期格式即可。

同样，可以将日期和数据转换为字符串。例如，A3单元格为日期数据2019/11/6，将其在B3单元格中转换为字符串，在B3单元格输入公式：

=TEXT(A3,"yyyymmdd")

则B3单元格即为字符串数据"20191106"。

案例4.9.5 查找与引用函数

1.求行号函数ROW()。

格式：ROW([参数])

功能：返回指定单元格引用的行号。

说明：参数可选。需要得到其行号的单元格或单元格区域,但不能引用多个区域。

如果省略参数，则返回引用函数ROW的单元格的行号。

如果是一个单元格引用，则返回单元格所在的行号。

如果为一个单元格区域，则返回单元格区域左上角位置的行号。

如果为一个单元格区域并且ROW作为垂直数组输入,则ROW将以垂直数组的形式返回行号。

例如：

在D2单元格中输入"=ROW()",则返回值为2。

在D3单元格中输入"=ROW(C10)",则返回值为10。

在E4单元格中输入"=ROW(G6:J10)",则返回值为6。

2.求列号函数COLUMN()。

格式：COLUMN([参数])

功能：以数字形式返回指定单元格引用的列号。例如：公式"=COLUMN(D10)"返回4。

说明：参数可选。需要得到其列号的单元格或单元格区域，但不能引用多个区域。

如果省略，则返回引用COLUMN函数的单元格的列号。

如果是一个单元格引用，则返回单元格所在的列号。

如果为一个单元格区域，则返回单元格区域左上角位置的列号。

如果为一个单元格区域并且COLUMN作为水平数组输入，则COLUMN将以水平数组的形式返回列号。

例如：

在D2单元格中输入"=COLUMN()"，则返回值为4。

在D3单元格中输入"=COLUMN(C10)"，则返回值为3。

在E4单元格中输入"=COLUMN(G6:J10)"，则返回值为7。

案例4.9.6 统计函数

1. 求平均值函数AVERAGE()。

格式：AVERAGE(参数1,参数2,...)

功能：多个参数求平均值。

说明：

（1）参数可以是数字，也可以是单元格的名称，或者是连续单元格的集合。

（2）AVERAGE函数只计算参数或参数所包含每一个数值单元格（或通过公式计算得到的数值）的平均数，不计算非数值区域。

（3）为空的单元格不会被计算，但为0的单元格会被计算。

例如：

=AVERAGE(1,3,A2)

计算1、3和A2单元格这三个数的平均数。

=AVERAGE(A1,A4)

计算A1、A4单元格数值的平均数。

=AVERAGE(A1:A4)

计算A1到A4连续单元格的平均数。

2. 统计单元格个数函数COUNT()。

格式：COUNT(参数1,参数2,...)

功能：统计数字个数和包含数字的单元格个数。

说明：

（1）函数会将参数所包含的数字、文本格式的数字、日期计算在内。

（2）如果参数内是单元格引用，则只会统计数字；如果要统计引用单元格中的逻辑值、文字或错误值，则使用函数COUNTA。

COUNT函数示例见表4-10。

表4-10 COUNT函数示例

样表	A
1	10
2	

续表

样表	A
3	FALSE
4	0
5	2011-1-1

注：表中A为列号，左侧1~5为行号。

例如：

=COUNT(1,A1:A3)

结果为2，因为1作为参数也参与了统计。

=COUNT(A1:A5)

结果为3，此处的0和时间2011-1-1都会被统计。

3.统计满足条件的单元格个数函数COUNTIF()。

格式：COUNTIF(范围,条件)

功能：计算给定"范围"内的满足"条件"的数字单元格数目。

说明：条件可以是数字、表达式或文本形式。对于字符，不区分大小写。

例如：

=COUNTIF(A2:A5,"苹果")

统计单元格A2到A5中包含"苹果"的单元格的数量。

=COUNTIF(A2:A5,A4)

统计单元格A2到A5中包含A4单元格内容的数量。

=COUNTIF(A2:A5,A3)+COUNTIF(A2:A5,A2)

统计单元格A2到A5中包含A2和A3单元格内容的数量和。

=COUNTIF(B2:B5,">55")

统计单元格B2到B5中值大于55的单元格的数量。

=COUNTIF(B2:B5,"<>"&B4)

统计单元格B2到B5中值不等于B4单元格内容的数量。

4.求最大值函数MAX()。

格式：MAX(参数1,参数2,...)

功能：求参数中的最大值。

说明：

（1）参数可以是数字、单元格名称、连续单元格区域、逻辑值。

（2）若是单元格名称、连续单元格区域等数据引用，通常只计算其中的数值或通过公式计算的数值部分，不计算逻辑值和其他内容。

（3）如果MAX函数后面的参数没有数字，会返回0（例2）。

MAX函数示例见表4-11。

表4-11 MAX函数示例

样表	A
1	6
2	15
3	true
4	3D
5	0

注：表中A为列号，左侧1~5为行号。

例如

=MAX(A1:A2,A5,TRUE)

结果为15，此例中用到了连续单元格引用A1:A2，用到了逻辑值TRUE（在此处TRUE的值被看作1）。

=MAX(A3:A5)

结果为0，此例中的逻辑值TRUE、字符串3D不被计算。

5.求最小值函数MIN()。

格式：MIN(参数1, [参数2], ...)

功能：求参数中的最小值。

说明：同MAX()函数。

例如：

=MIN(A2:A6)

单元格区域A2:A6中的最小数。

=MIN(A2:A6,0)

单元格区域A2:A6和0中的最小数。

实训任务9

1. 在公式中，文本需要使用 _____ 包含。

2. 空单元格等于空文本，这种说法正确吗？ _____

3. LEFT函数和RIGHT函数分别从字符串的 _____、_____ 侧提取字符。

4. 常用于在字符串中查找字符的函数为 _____。

5. _____ 函数不支持使用通配符在字符串中查找字符。

6. ISODD函数的参数为 _____ 时，将返回TRUE；ISEVEN函数的参数为 _____ 时，将返回TRUE。

7. 当所有参数都是TRUE时，AND函数将返回 _____；当其中一个参数为FALSE时，AND函数将返回 _____；当其中一个参数为TRUE时，OR函数将返回 _____；当所有参数都为FALSE时，OR函数将返回 _____。

8. 当IF函数的第一参数为TRUE时，将返回 _____；当第一参数为FALSE时，将返回 _____。

项目 05
管理员工薪酬福利数据

项目描述

本项目主要介绍数据的分列，使用公式、函数来管理和计算员工薪酬。

学习目标

- 数据分列的使用
- 使用公式计算薪资中的数据
- 函数：COUNT()、SUM()、AVERAGE()、MAX()、MIN()、IF()、SUMIF()、LOOKUP()

实训任务

- 数据分列
- 插入函数
- 公式审核

学习任务 5.1 数据的分列

在实际工作中，我们经常会遇到这样的情况：不同类别的数据保存在了一个单元格中，而我们又需要对不同数据类别进行计算、汇总或分析等，这时就需要先把一列数据分成几列，这就是分列问题。

分列的方法有两种：一种是使用"分列"工具，一种是使用文本函数。

案例 5.1.1 利用"分列"工具进行数据分列

"分列"工具就是利用文本分列向导提示来一步一步地进行操作，最终将数据分成几列。

实训 1 用数据分列功能完成数据的规范整理 1

将素材中的"银行对账单.xlsx"中的数据按照各数据类别进行分列保存。分列的具体操作步骤如下：

◎【操作步骤】

1. 打开素材"银行对账单.xlsx"，选定A列，如图5-1所示。

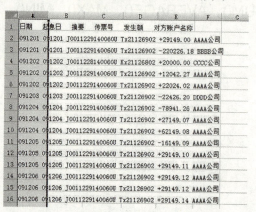

图5-1 不同数据在同一单元格

2. 执行"数据"选项卡中的"分列"命令按钮，打开"文本分列向导-第1步，共3步"对话框，选择"分隔符号"单选项，如图5-2所示。

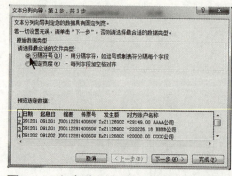

图5-2 文本分列向导之选择文件类型

3. 单击“下一步”按钮，打开“文本分列向导-第2步，共3步”对话框，选择“空格”复选框，就可以看到数据已经被分成了几列，如图5-3所示。

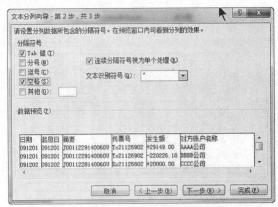

图5–3　文本分列向导之选择分隔符号

4. 单击“下一步”按钮，打开“文本分列向导-第3步，共3步”对话框，分别在对话框的数据列表中选择“日期”和“起息日”两列数据，在“列数据格式”选项组中选择“日期”单选项，并在右侧下拉列表中选择日期格式“YMD”，如图5-4所示。

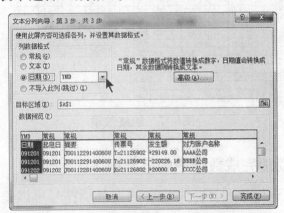

图5–4　文本分列向导之列数据格式

注意：这一步的任务是把“日期”和“起息日”的数据都转换为真正的日期，否则将得到诸如91201、91202这样的数字，而不是日期。

5. 单击“完成”按钮，就将A列的数据分成了几列来保存，如图5-5所示。

	A	B	C	D	E	F
1	日期	起息日	摘要	传票号	发生额	对方账户名称
2	2009/12/1	91201	J0011229140060U	Tx21126902	29149	AAAA公司
3	2009/12/1	91201	J0011229140060U	Tx21126902	-220226.18	BBBB公司
4	2009/12/2	91202	J0011228140060U	Kx21126802	20000	CCCC公司
5	2009/12/2	91202	J0011229140060U	Tx21126902	12042.27	AAAA公司
6	2009/12/2	91202	J0011229140060U	Tx21126902	22024.02	AAAA公司
7	2009/12/3	91203	J0011229140060U	Tx21126902	-22426.2	DDDD公司
8	2009/12/4	91204	J0011229140060U	Tx21126902	-78941.26	AAAA公司
9	2009/12/4	91204	J0011229140060U	Tx21126902	27149.07	AAAA公司
10	2009/12/4	91204	J0011229140060U	Tx21126902	62149.08	AAAA公司
11	2009/12/5	91205	J0011229140060U	Tx21126902	-16149.09	AAAA公司
12	2009/12/5	91205	J0011229140060U	Tx21126902	29149.1	AAAA公司
13	2009/12/5	91205	J0011229140060U	Tx21126902	29149.11	AAAA公司
14	2009/12/6	91206	J0011229140060U	Tx21126902	29149.12	AAAA公司
15	2009/12/6	91206	J0011229140060U	Tx21126902	29149.13	AAAA公司
16	2009/12/6	91206	J0011229140060U	Tx21126902	29149.14	AAAA公司

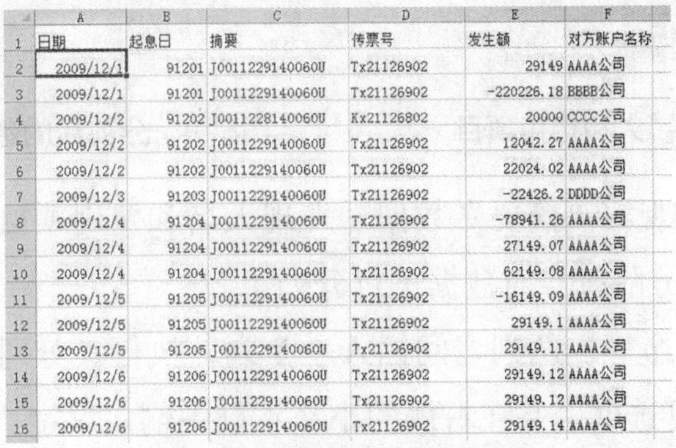

图5–5　数据分列后的效果

实训 2 用数据分列功能完成数据的规范整理 2

请利用数据分列功能，将图5-6中的数据进行规范整理，并利用前面所学的函数公式完成数据的计算，最终效果如图5-7所示。

图5-6 分列规范联系表

图5-7 最终效果

实训 3 用数据分列功能完成数据的规范整理 3

根据分隔符号对数据进行分列是非常简单的。分隔符号可以是任意的指定符号，包括汉字和字母等。图5-8所示就是一个实际案例，这里从"摘要"中把"报销人"和"费用"项目分成两列，结果如图5-9所示，以便进行统计分析。

	A	B
1	摘要	金额
2	张三报差旅费	4325.00
3	李四报办公费	760.50
4	王王报餐费	345.00
5	赵六报招待费	1234.50
6	欧阳报交通费	109.00
7	皇甫报办公费	784.00

图5-8 摘要中含有报销人和费用项目

	A	B	C
1	报销人	费用项目	金额
2	张三	差旅费	4325.00
3	李四	办公费	760.50
4	王王	餐费	345.00
5	赵六	招待费	1234.50
6	欧阳	交通费	109.00
7	皇甫	办公费	784.00

图5-9 分列后的数据清单

● 【操作提示】仔细观察"摘要"数据，发现人名和费用项目之间都有一个"报"字，这样，就可以"报"作为分隔符号对数据进行分列了。

首先在"摘要"和"金额"两列之间插入一个列，执行"分列"命令，按照向导操作，在第2步时选择"其他"复选框，并在右侧的小文本框中输入汉字"报"，如图5-10所示。此时就可以看到摘要数据被分成了两列来保存，左侧是报销人姓名，右侧是费用项目。

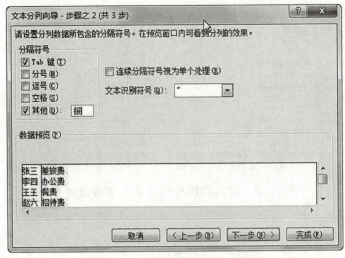

图5-10 指定分隔符号"报"

案例 5.1.2 利用文本函数进行数据分列

如果原始数据中没有可以借用的分隔符,又该如何做呢?此时,就需要分析数据的具体特征,使用文本函数来解决即可。

素材"会计科目表.xlsx"中的会计科目数据如图5-11所示。科目编码与科目名称是紧密连在一起的,但是科目编码唯一。分析发现会计科目数据仅仅由数字和汉字组成,由于每个汉字(全角字符)有2字节,每个数字(半角字符)有1字节,因此可以使用LENB()函数和LEN()函数来对数据长度进行必要的计算,再利用LEFT()函数和RIGHT()函数将科目编码剥离出来。

● 【操作提示】在单元格B2中输入公式"=LEFT(A2,2*LEN(A2)-LENB(A2))",得到科目编码数字文本。

在单元格C2中输入公式"=RIGHT(A2,LENB(A2)-LEN(A2))",得到汉字科目名称。

将公式复制填充,即得到需要的结果,如图5-12所示。

	A	B	C
1	会计科目	科目编码	科目名称
2	1001现金		
3	1002银行存款		
4	100201中国银行		
5	100202中国工商银行		
6	2205预收账款		
7	2211应付职工薪酬		
8	221101员工工资		
9	221102员工福利费		
10	221103员工保险费		
11	2221应交税费		
12	222101应交增值税		
13	22210101应交增值税(进项税额)		
14	22210102应交增值税(销项税额)		

图5-11 会计科目名称和科目编码连在一起且长度不一

图5-12 科目编码与科目名称被分成两列

学习任务 5.2　利用函数计算员工工资

工资的计算是最平常的财务工作之一，是财务人员每月必做的工作，若手工逐一计算，则会是一项量大而烦琐的工作，而在Excel中使用公式来计算，则会变得非常简单。本任务目标是学会通过运用各种公式来计算员工工资。

案例 5.2.1 用 COUNTIF() 函数统计数据

COUNTIF()函数用来获取数据区域或区域字段的个数。下面通过使用COUNTIF()函数来统计工作表中提成金额在2 000元以上的人数来讲解相关操作，以掌握通过函数统计区域内字段个数的方法。COUNTIF()函数的使用方法参见本书"案例3.5.4条件统计函数COUNIIF()"部分。

◎【操作步骤】

1. 打开"工资表.xlsx"素材文件。

选择F20单元格，在"公式"选项卡的"函数库"组中，单击"插入函数"按钮，如图5-13所示。

图5-13　单击"插入函数"按钮

2. 在打开的"插入函数"对话框中,单击"或选择类别"下拉列表按钮,选择"统计"选项,如图5-14所示。

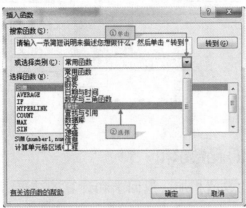

图5-14 选择"统计"选项

3. 在"选择函数"列表框中选择"COUNTIF"选项,单击"确定"按钮,如图5-15所示。

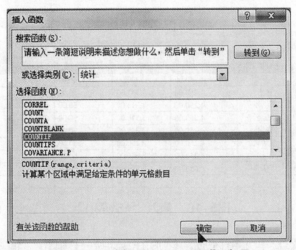

图5-15 选择"COUNTIF"选项

4. 分别在Range和Criteria文本框中输入"C2:C16"和">=2000"。最后单击"确定"按钮,如图5-16所示。

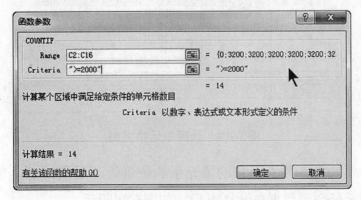

图5-16 输入函数参数

5.返回到工作表中，即可看到使用COUNTIF()函数统计的人数结果，如图5-17所示。

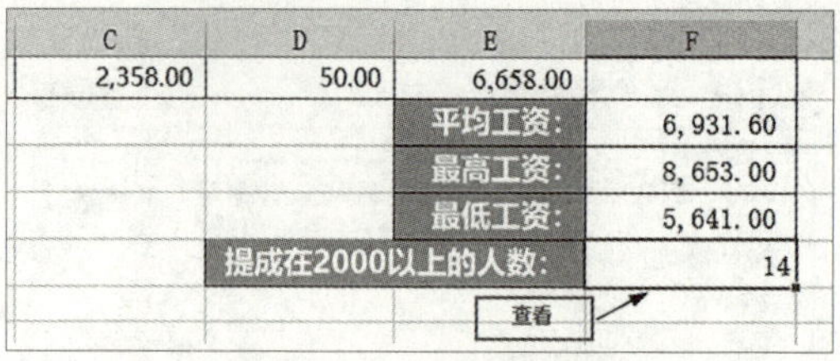

图5-17　查看结果

案例 5.2.2 用 SUM() 函数求和

SUM()函数用于将指定的数值相加，返回求和计算的结果。下面通过在"工资表.xlsx"中使用SUM()函数计算出基本工资来讲解相关操作。

◎【操作步骤】

1.选择E2单元格，在编辑栏中输入"=SUM()"，如图5-18所示，将文本插入点定位在括号之间。

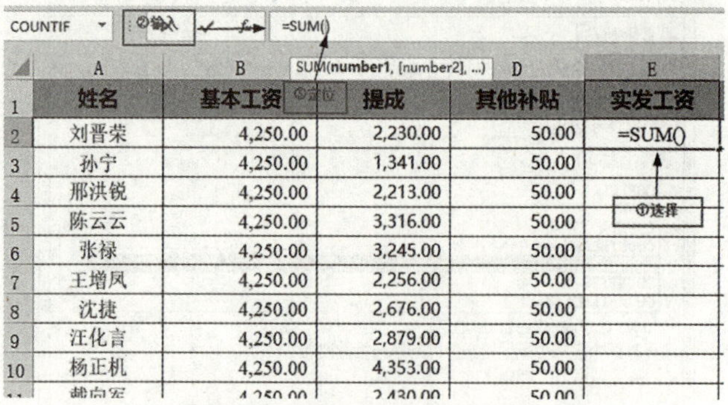

图5-18　输入"=SUM()"

2.在工作表中选择B2:D2单元格区域，然后在编辑栏中单击"输入"按钮，系统自动计算出结果，如图5-19所示。

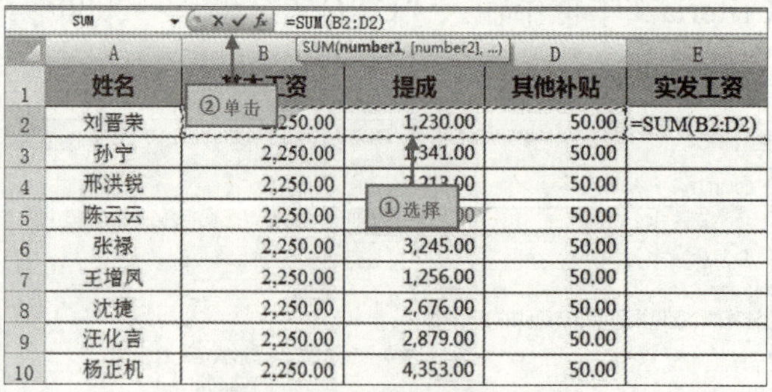

图5-19　选择单元格区域

3.把鼠标指针移到E2单元格右下角的填充手柄位置处，当鼠标指针变成加号形状时，双击鼠标，系统自动填充函数到数据单元格末行，如图5-20所示。

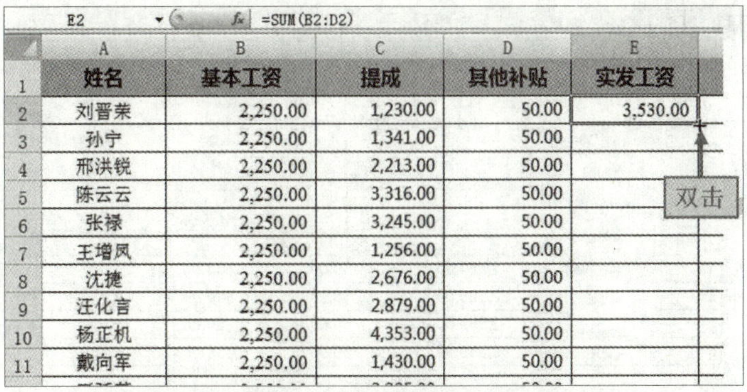

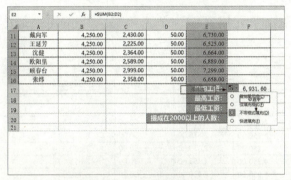

图5-20 填充函数到数据公式单元格末行

4. 单击"自动填充选项"下拉按钮，选中"不带格式填充"单选按钮，如图5-21所示。

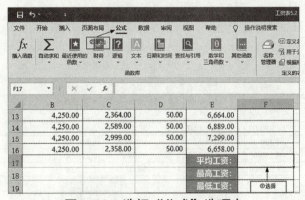

图5-21 自动填充数据

案例5.2.3 用AVERAGE()函数求平均值

AVERAGE()函数用于计算一组数据的平均值，所以它的参数必须有两个或两个以上。下面以"工资表.xlsx"为例来讲解使用AVERAGE()函数计算数据平均值的相关操作。

◎【操作步骤】

1. 选择F17单元格，切换到"公式"选项卡中，如图5-22所示。

图5-22 选择"公式"选项卡

2. 单击"自动求和"下拉按钮，选择"平均值"选项，插入AVERAGE()函数，如图5-23所示。

图5-23 插入AVERAGE()函数

3.在工作表中选择E2:E16单元格区域，单击"输入"按钮，如图5-24所示。

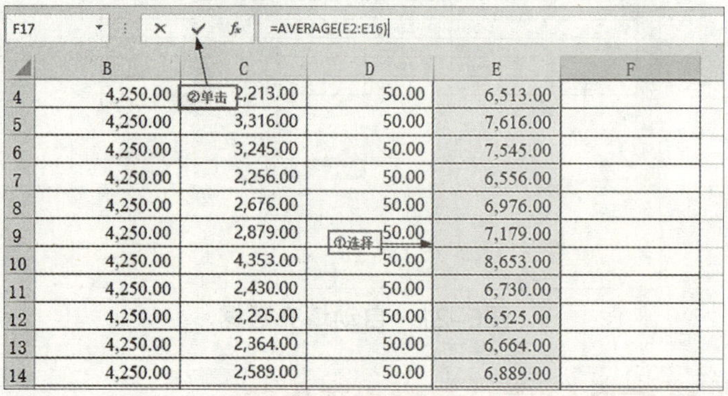

图5-24 选择工作区域

案例 5.2.4 用 MAX() 函数计算最大值

MAX()函数用来计算一组数据的最大值，下面以"工资表"工作簿为例来讲解使用MAX()函数计算工资的最高值的相关操作，以掌握通过函数计算最大值的方法。

◎【操作步骤】

1.选择F18单元格，在编辑栏中输入"="，如图5-25所示。

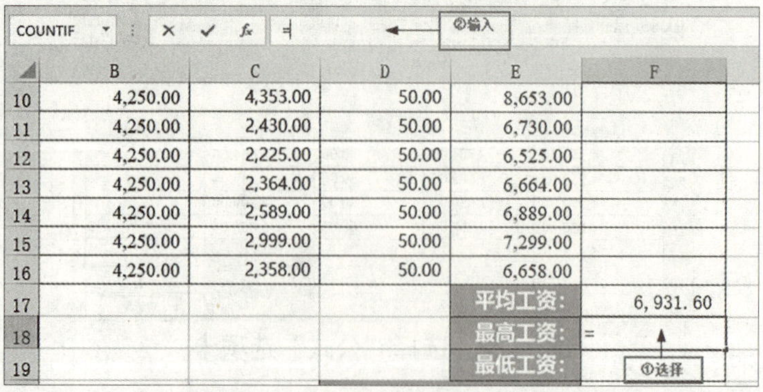

图5-25 在编辑栏中输入"="

2.单击名称框下拉列表按钮，选择"MAX"选项，插入函数，如图5-26所示。

学习任务 5.2　利用函数计算员工工资

图5-26　选择"MAX"选项

3. 在打开的"函数参数"对话框中单击Number1文本框后的"折叠"按钮，如图5-27所示。

图5-27　选择工作区域

● 【注意事项】要快速选择数据单元格，可将文本插入点定位到参数文本框中，直接选择数据单元格或单元格区域。

4. 在工作表中选择E2:E16单元格区域，单击"展开"按钮，展开对话框，单击"确定"按钮，如图5-28所示。

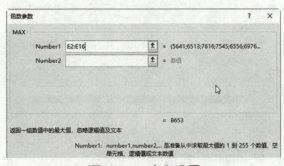

图5-28　确定设置

案例 5.2.5　用 MIN() 函数计算最小值

MIX()函数用来计算一组数据的最小值，下面以"工资表"工作簿为例来讲解使用MIX()函数计算工资的最小值的相关操作，以掌握通过函数计算最小值的方法。

◎【操作步骤】

1. 选择F19单元格，单击"公式"选项卡的"函数库"组中的"插入函数"按钮，如图5-29所示。

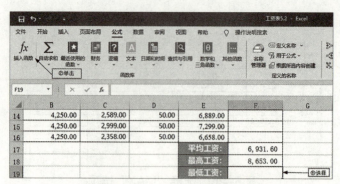

图5-29 单击"插入函数"按钮

2. 打开"插入函数"对话框,在"搜索函数"文本框中输入"最小值",单击"转到"按钮,搜索函数如图5-30所示。

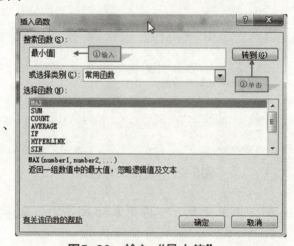

图5-30 输入"最小值"

3. 在"选择函数"列表框中选择"MIN"选项,单击"确定"按钮,如图5-31所示。

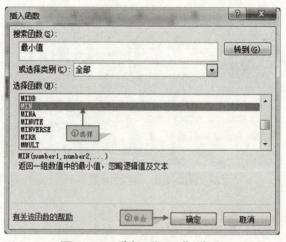

图5-31 选择"MIN"选项

4. 在"Number1"文本框中输入单元格区域参数,单击"确定"按钮,如图5-32所示。

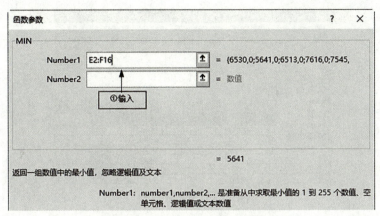

图5-32 输入单元格区域参数

案例 5.2.6 用 IF() 函数计算缴税

IF()函数用来判断是或否，返回布尔值TRUE或FALSE，或是用户自定义的数据。下面以在"工资表.xlsx"中使用IF()函数计算员工应缴的个税为例来讲解相关操作。

◎【操作步骤】

1. 选择F2单元格，在编辑栏中输入IF()函数，如图5-33所示。

图5-33 在编辑栏中输入IF()函数

2. 在编辑栏中单击"输入"按钮，在"剪贴板"中单击"复制"按钮，复制函数，如图5-34所示。

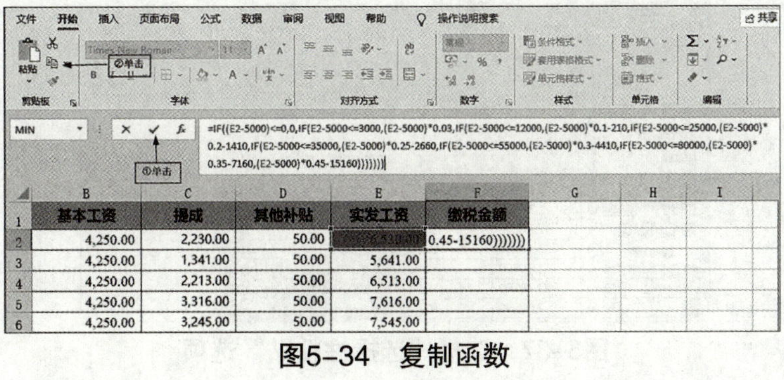

图5-34 复制函数

3. 选择F4:F17单元格区域，单击"粘贴"下拉按钮，选择"公式"选项，如图5-35所示。

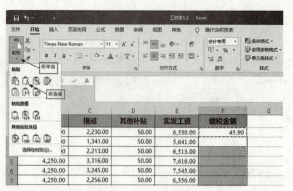

图5-35　粘贴函数

案例 5.2.7 将公式结果转换为数值

将公式结果转换为数值，其实就是只保留数值而将公式删除，这样可避免他人修改公式参数而使计算结果发生错误。下面通过将"工资表.xlsx"中的公式结果转换为数值来讲解相关操作。

◎【操作步骤】

1. 选择公式所在的单元格区域，单击"剪贴板"组中的"复制"选项，如图5-36所示。

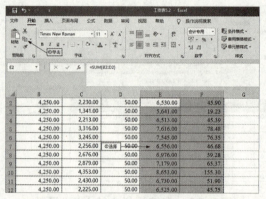

图5-36　选择公式所在的单元格区域

2. 单击"剪贴板"组中的"粘贴"下拉按钮，选择"选择性粘贴"选项，如图5-37所示。

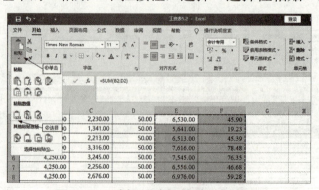

图5-37　选择"选择性粘贴"选项

3. 在打开的"选择性粘贴"对话框中，选中"数值"单选按钮，单击"确定"按钮，如图5-38所示。

图5-38 仅粘贴数值

4. 返回到工作表中，在原先输入公式的单元格区域中可以查看到公式全变成数值，如图5-39所示。

图5-39 公式变成数值

● 【注意事项】

将公式转换为数值后，除了用撤销的方法返回到上几步的操作外，系统无法将其反转回来，所以，用户在将公式转换为数值前应考虑清楚，或将公式记录下来。

案例 5.2.8 用 SUMIF（）函数计算提成

【函数功能】根据指定条件对若干单元格求和。

【函数格式】SUMIF(range,criteria,sum_range)

【参数说明】range：用于进行条件判断的单元格区域。

criteria：用来确定哪些单元格将被相加求和，其形式可以为数字、表达式、文本或单元格内容。

sum_range：需要求和的单元格。

sum_range与区域的大小及形状可以不同。相加的实际单元格通过以下方法确定：使用sum_range中左上角的单元格作为起始单元格，然后包括与区域大小和形状相对应的单元格。示例见表5-1。

表5-1 示例

如果区域是	并且 sum_range 是	则需要求和的实际单元格是
A1:A5	B1:B5	B1:B5
A1:A5	B1:B3	B1:B5
A1:B4	C1:D4	C1:D4
A1:B4	C1:D2	C1:D4

可以在条件中使用通配符、问号（?）和星号（*）。问号匹配任意单个字符；星号匹配任意一串字符。如果要查找实际的问号或星号，请在该字符前键入波形符（~）。

示例见表5-2。

表5-2 示例

属性值	佣金
100 000	7 000
200 000	14 000
300 000	21 000
400 000	28 000
公式	说明（结果）
'=SUMIF(A2:A5,">160000",B2:B5)	属性值高于 160 000 的佣金之和 (63 000)
'=SUMIF(A2:A5,">160000")	属性值高于 160 000 的佣金之和 (900 000)
'=SUMIF(A2:A5,"=300000",B2:B3)	属性值等于 300 000 的佣金之和 (21 000)

【举例】"员工工资.xlsx"中的"提成"项的数据是由每位员工的"提成金额"累计结果构成的。提成金额=成交总金额*提成比例。

◎【操作步骤】

1. 打开"员工工资.xlsx"素材文件，将提成工作表中的提成金额计算出来，如图5-40所示。复制公式，直至将每位员工的提成金额计算出来。

图5-40 打开员工工资表

2. 选定"员工工资"工作表中的G3单元格，输入"=SUMIF("，单击"插入函数"按钮，打开"函数参数"对话框，如图5-41所示。

图5-41 打开SUMIF()函数对话框

3. 在相关参数文本框中，输入各参数，效果如图5-42所示。单击"确定"按钮，完成第一位员工的提成金额计算。

图5-42 输入参数

4. 复制G3单元格公式，粘贴至G4:G13单元格区域，完成员工工资工作表中的提成项的数据计算，结果如图5-43所示。

图5-43 结果

案例 5.2.9 用 LOOKUP（ ）函数计算个人所得税

【函数功能】从单行或单列区域返回值。

【函数格式】LOOKUP(lookup_value,lookup_vector,result_vector)

在单行区域或单列区域（称为"向量"）中查找值，然后返回第二个单行区域或单列区域中相同位置的值。当指定包含要匹配值的区域时，请使用 LOOKUP 函数的这种形式。LOOKUP 的另一种形式是自动在第一行或第一列中查找。

【参数说明】lookup_value：LOOKUP 是只含一行或一列的区域在第一个向量中搜索的值。lookup_value可以是数字、文本、逻辑值、名称或对值的引用。

lookup_vector：只包含一行或一列的区域。lookup_vector中的值可以是文本、数字或逻辑值。

要点：lookup_vector中的值必须以升序顺序放置：…，-2，-1，0，1，2，…，A~Z，FALSE，TRUE。否则，LOOKUP 可能无法提供正确的值。大写文本和小写文本是等同的。

result_vector：只包含一行或一列的区域。它必须与lookup_vector大小相同。

注解：如果 LOOKUP找不到lookup_value，则它与lookup_vector中小于或等于lookup_value的最大值匹配。

如果lookup_value小于lookup_vector中的最小值，则 LOOKUP 会提供 #N/A 错误值。

示例见表5-3。

表5-3 示例

频率	颜色
4.14	红色
4.19	橙色
5.17	黄色
5.77	绿色
6.39	蓝色
公式	说明（结果）
'=LOOKUP(4.19,A2:A6,B2:B6)	在列 A 中查找 4.19，然后返回列 B 中同一行内的值（橙色）
'=LOOKUP(5,A2:A6,B2:B6)	在列 A 中查找 5.00，与接近它的最小值 (4.19) 匹配，然后返回列 B 中同一行内的值（橙色）
'=LOOKUP(7.66,A2:A6,B2:B6)	在列 A 中查找 7.66，与接近它的最小值 (6.39) 匹配，然后返回列 B 中同一行内的值（蓝色）
'=LOOKUP(0,A2:A6,B2:B6)	在列 A 中查找 0，并返回错误，因为 0 小于 lookup_vector A2:A7 中的最小值 (#N/A)

【举例】在"员工工资.xlsx"工作簿的"个人所得税"工作表中，参照表中个人所得税纳税标准，利用LOOKUP()函数计算张三的应扣个税项。

◎【操作步骤】

1. 打开"员工工资.xlsx"素材文件。选定个人所得税工作表中的C2单元格，输入"=LOOKUP("，单击"插入函数"按钮，打开"函数参数"对话框，如图5-44所示。

图5-44 打开LOOKUP()函数对话框

2. 在相关参数文本框中输入各参数，效果如图5-45所示，单击"确定"按钮，完成第一位员工的提成金额计算。

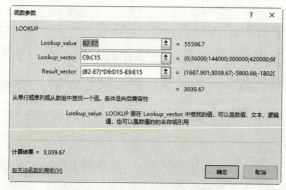

图5-45 输入函数参数值

实训任务1：用LOOKUP()函数计算个税

实训1：计算个税

利用以上所学LOOKUP()函数完成"员工工资.xlsx"中"应扣个税"项的计算。

操作提示：在"员工工资"工作表的I3:I13单元格区域中的公式为：

=LOOKUP(H3-5000,个人所得税!$C$9:$C$15,(H3-5000)*个人所得税!$D$9:$D$15-个人所得税!$E$9:$E$15)

实训2：员工考核

打开素材文件"员工考核表.xlsx"，利用LOOKUP()函数完成员工考核。

操作提示：在单元格C2中，函数参数如图5-46所示。

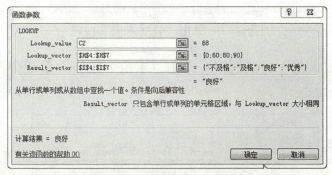

图5-46 函数参数（参考）

实训任务2 用公式和函数计算员工的提成、工资等

实训任务如下：

1. 打开素材文件"工资表.xlsx"。

2. 使用本项目中所学的公式和函数等知识来计算员工的提成、工资以及应缴个税等，巩固本项目所学的知识。

实战问答5.3 如何分步求值

问：在使用函数计算数据时，由于函数的参数由多部分组成，结构较为复杂，为了保证整个计算结果正确，在计算过程中，该怎么办呢？

答：在进行结构复杂的计算时，可使用分步求值来查看每一步计算的结果，这样不仅可以保证得到一个正确结果，而且能帮助用户查看出哪一步出错。

1. 进行"公式求值"操作。

选择目标单元格,单击"公式"选项卡"公式审核"组中的"公式求值"按钮,如图5-47所示。

图5-47 单击"公式求值"按钮

2. 在打开的"公式求值"对话框中,单击"求值"按钮,系统会自动计算出列表框中下划线的结果,如图5-48所示。

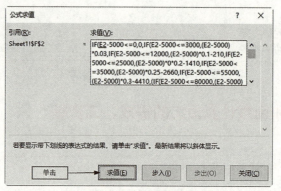

图5-48 计算结果

3. 以同样的方法查看其他步骤中的结果,最后一步系统会将最终结果显示出来,如图5-49所示,关闭对话框即可。

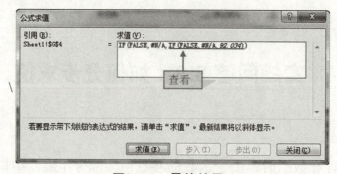

图5-49 最终结果

综合练习 5.4　思考与联系

一、填空题

1. 在工作表中，要对表格区域进行数据的限定输入，可通过设置_____实现。

2. 想要获取某一数据区域或区域字段的个数，可以用_____函数来实现。

二、判断题

1. IF() 函数用来判断是或否，返回布尔值 TRUE 或 FALSE，不能返回用户自定义的数据。（　　）

2. 在表格中设置数据验证后，当用户输入不符合规则的数据时，系统会弹出出错警告来告诉用户输入的非法值，这样就绝对不会出现非法值的输入了。（　　）

三、问答题

1. 在单元格中设置了出错警告，但在单元格中输入非法数据并确定后，系统并没有出现出错警告，这是为什么？该怎样解决？

2. 在单元格中设置了数据序列，并输入了相应的序列来源（创作，校对，排版，版式修改，杂项），但在单元格中并没有出现数据序列的相应来源选项，只出现了"创作，校对，排版，版式修改，杂项"中的一个选项，这是为什么？该怎么解决？

项目 06
管理企业固定资产

项目描述

固定资产是企业资产的重要组成部分，会计专业固定资产是指同时具有以下特征的有形资产：一是为生产商品、提供劳务、出租或经营管理而持有；二是使用寿命超过一个会计年度，其包括房屋建筑物、机器设备、交通运输设备、电气设备、电子产品、通信设备以及达到标准的工具、器具等。

固定资产在企业的资产中占有相当大的比重，正确核算和管理固定资产对企业有着非常重大的意义。然而，随着科学技术的高速发展，固定资产的科学管理变得越来越重要，我们要充分认识到固定资产管理的重要性，运用现有的计算机资源。Excel 2019 操作简单，功能强大，在办公自动化领域中应用非常广泛，其中还有很多管理功能并没有被我们充分认识和使用，许多功能还有待和其他软件配合使用才能发挥。只有在实践中不断地探索和研究，才能更好地利用 Excel 2019 来管理固定资产，从而提高我们的工作效率。

学习目标

- ◆ 根据不同要求，分类核算固定资产
- ◆ 根据不同需求，查阅企业固定资产
- ◆ 分类固定资产，实现自动分页打印
- ◆ 运用公式函数，计算固定资产折旧

实训任务

- ◆ 创建分类汇总
- ◆ 隐藏和显示数据明细
- ◆ 创建组合、取消组合
- ◆ 分页打印汇总数据
- ◆ 冻结窗格、取消冻结
- ◆ 计算固定资产折旧值

学习任务 6.1　查看公司设备数据

Excel可以在数据清单中自动计算分类汇总及总计值。用户只需指定需要进行分类汇总的数据项、待汇总的数值和用于计算的函数（例如“求和”函数）即可。如果要使用自动分类汇总，工作表必须组织成具有列标志的数据工作表清单。在创建分类汇总之前，用户必须先根据需要对分类汇总的数据清单进行排序。

案例 6.1.1 创建分类汇总

※计算华其公司各部门固定资产总额。

◎【操作步骤】

1. 打开“华其公司固定资产管理.xlsx”素材文件中的第一张工作表“华其公司固定资产清单”，如图6-1所示。

华其公司固定资产清单

日期：2016/1/31

序号	资产编号	资产名称	规格型号	类别编号	类别名称	使用部门	增加方式	使用状况	预计可使用年限	开始使用日期	折旧方法	资产原值	已计提折旧月份	净残值率	折旧费用类别
1	051077	复印机	佳能	051	办公设备	后勤部	购入	正常使用	5	2015/1/1	双倍余额法	45,000.00	12	1.00%	管理费用
2	021057	机床	JC-H68	021	生产设备	二车间	购入	正常使用	10	2015/1/1	年数总和法	456,000.00	12	4.00%	制造费用
3	051067	打印机	HP2008	051	办公设备	信息部	购入	正常使用	5	2015/1/1	双倍余额法	300,000.00	12	1.00%	管理费用
4	021031	吊车	QH-20S	021	生产设备	一车间	购入	正常使用	10	2015/1/1	工作量法	1,200,000.00	12	4.00%	制造费用
5	011023	办公楼	10万平米	011	房屋	信息部	自建	正常使用	30	2014/1/1	平均年限法	5,000,000.00	24	10.00%	管理费用
6	041006	货车	20吨	041	运输工具	销售部	购入	正常使用	8	2014/6/1	平均年限法	300,000.00	18	4.00%	销售费用
7	051066	传真机	佳能	051	办公设备	办公室	购入	正常使用	5	2015/6/1	双倍余额法	6,000.00	7	1.00%	管理费用
8	051055	笔记本电脑	IBM	051	办公设备	办公室	购入	正常使用	5	2014/10/1	双倍余额法	12,000.00	15	2.00%	管理费用
9	021056	机床	JC-H65	021	生产设备	二车间	购入	正常使用	10	2015/1/1	年数总和法	650,000.00	12	4.00%	制造费用
10	011019	仓库	60万平米	011	房屋	销售部	自建	正常使用	25	2014/2/1	平均年限法	2,000,000.00	23	10.00%	制造费用
11	011016	厂房	100万平米	011	房屋	一车间	自建	正常使用	30	2014/2/1	平均年限法	16,000,000.00	23	10.00%	制造费用
12	041001	小汽车	SANTANA2000	041	运输工具	办公室	购入	正常使用	10	2014/6/1	工作量法	150,000.00	18	2.00%	管理费用
13	051067	打印机	HP2008	051	办公设备	办公室	购入	正常使用	5	2015/1/1	双倍余额法	300,000.00	12	1.00%	管理费用
14	051056	笔记本电脑	IBM	051	办公设备	办公室	购入	正常使用	5	2015/6/1	双倍余额法	12,000.00	7	2.00%	管理费用
15	051056	笔记本电脑	IBM	051	办公设备	后勤部	购入	正常使用	5	2015/6/1	双倍余额法	12,000.00	7	2.00%	管理费用
16	051055	笔记本电脑	IBM	051	办公设备	信息部	购入	正常使用	5	2014/10/1	双倍余额法	12,000.00	15	2.00%	管理费用

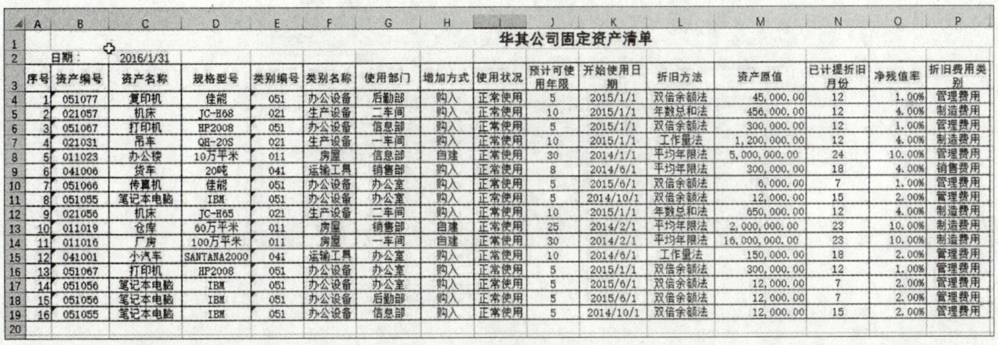

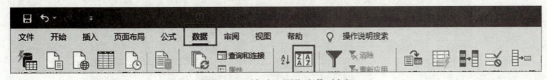

图6–1　打开文件

2. 拖动鼠标，选择相应区域A3:P19。

3. 单击“数据”选项卡中的“排序”按钮，如图6-2所示。

图6–2　单击“排序”按钮

4. 打开“排序”对话框，如图6-3所示。选择主要关键字“使用部门”，排序依据、次序按默认进行。

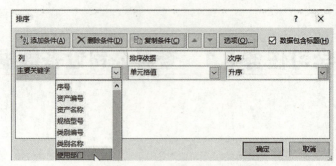

图6–3　打开“排序”对话框

5. 单击“确定”按钮后，如图6-4所示，已按“使用部门”排序。

华其公司固定资产清单

日期：2016/1/31

序号	资产编号	资产名称	规格型号	类别编号	类别名称	使用部门	增加方式	使用状况	预计可使用年限	开始使用日期	折旧方法	资产原值	已计提折旧月份	净残值率	折旧费用类别
7	051066	传真机	佳能	051	办公设备	办公室	购入	正常使用	5	2015/6/1	双倍余额法	6,000.00	7	1.00%	管理费用
8	051055	笔记本电脑	IBM	051	办公设备	办公室	购入	正常使用	5	2014/10/1	双倍余额法	12,000.00	15	2.00%	管理费用
12	041001	小汽车	SANTANA2000	041	运输工具	办公室	购入	正常使用	10	2014/6/1	工作量法	150,000.00	18	2.00%	管理费用
13	051067	打印机	HP2008	051	办公设备	办公室	购入	正常使用	5	2015/1/1	双倍余额法	300,000.00	12	1.00%	管理费用
14	051056	笔记本电脑	IBM	051	办公设备	办公室	购入	正常使用	5	2015/6/1	双倍余额法	12,000.00	7	2.00%	管理费用
2	021057	机床	JC-H68	021	生产设备	二车间	购入	正常使用	10	2015/1/1	年数总和法	456,000.00	12	4.00%	制造费用
9	021056	机床	JC-H65	021	生产设备	二车间	购入	正常使用	10	2015/1/1	年数总和法	650,000.00	12	4.00%	制造费用
1	051077	复印机	佳能	051	办公设备	后勤部	购入	正常使用	5	2015/1/1	双倍余额法	45,000.00	12	1.00%	管理费用
15	051056	笔记本电脑	IBM	051	办公设备	后勤部	购入	正常使用	5	2015/6/1	双倍余额法	12,000.00	7	2.00%	管理费用
6	041006	货车	20吨	041	运输工具	销售部	购入	正常使用	8	2014/6/1	平均年限法	300,000.00	18	4.00%	销售费用
10	011019	仓库	60万平米	011	房屋	销售部	自建	正常使用	25	2014/2/1	平均年限法	2,000,000.00	23	10.00%	制造费用
3	051067	打印机	HP2008	051	办公设备	信息部	购入	正常使用	5	2015/1/1	双倍余额法	300,000.00	12	1.00%	管理费用
5	011023	办公楼	10万平米	011	房屋	信息部	自建	正常使用	30	2014/1/1	平均年限法	5,000,000.00	24	10.00%	管理费用
16	051055	笔记本电脑	IBM	051	办公设备	信息部	购入	正常使用	5	2014/10/1	双倍余额法	12,000.00	15	2.00%	管理费用
4	021031	吊车	QH-20S	021	生产设备	一车间	购入	正常使用	10	2015/1/1	工作量法	1,200,000.00	12	4.00%	制造费用
11	011016	厂房	100万平米	011	房屋	一车间	自建	正常使用	30	2014/2/1	平均年限法	16,000,000.00	23	10.00%	制造费用

图6–4　排序完成

6. 单击“数据”选项卡中的“分类汇总”按钮，如图6-5所示。

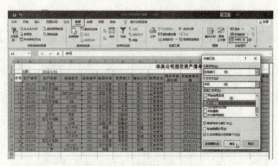

图6–5　分类汇总

7. 分类字段选“使用部门”，汇总方式选“求和”，选定汇总项勾选“资产原值”，单击“确定”按钮。查看结果，如图6-6所示。

华其公司固定资产清单

日期：2016/1/31

序号	资产编号	资产名称	规格型号	类别编号	类别名称	使用部门	增加方式	使用状况	预计可使用年限	开始使用日期	折旧方法	资产原值	已计提折旧月份	净残值率	折旧费用类别
7	051066	传真机	佳能	051	办公设备	办公室	购入	正常使用	5	2015/6/1	双倍余额法	6,000.00	7	1.00%	管理费用
8	051055	笔记本电脑	IBM	051	办公设备	办公室	购入	正常使用	5	2014/10/1	双倍余额法	12,000.00	15	2.00%	管理费用
12	041001	小汽车	SANTANA2000	041	运输工具	办公室	购入	正常使用	10	2014/6/1	工作量法	150,000.00	18	2.00%	管理费用
13	051067	打印机	HP2008	051	办公设备	办公室	购入	正常使用	5	2015/1/1	双倍余额法	300,000.00	12	1.00%	管理费用
14	051056	笔记本电脑	IBM	051	办公设备	办公室	购入	正常使用	5	2015/6/1	双倍余额法	12,000.00	7	2.00%	管理费用
						办公室 汇总						480,000.00			
2	021057	机床	JC-H68	021	生产设备	二车间	购入	正常使用	10	2015/1/1	年数总和法	456,000.00	12	4.00%	制造费用
9	021056	机床	JC-H65	021	生产设备	二车间	购入	正常使用	10	2015/1/1	年数总和法	650,000.00	12	4.00%	制造费用
						二车间 汇总						1,106,000.00			
1	051077	复印机	佳能	051	办公设备	后勤部	购入	正常使用	5	2015/1/1	双倍余额法	45,000.00	12	1.00%	管理费用
15	051056	笔记本电脑	IBM	051	办公设备	后勤部	购入	正常使用	5	2015/6/1	双倍余额法	12,000.00	7	2.00%	管理费用
						后勤部 汇总						57,000.00			
6	041006	货车	20吨	041	运输工具	销售部	购入	正常使用	8	2014/6/1	平均年限法	300,000.00	18	4.00%	销售费用
10	011019	仓库	60万平米	011	房屋	销售部	自建	正常使用	25	2014/2/1	平均年限法	2,000,000.00	23	10.00%	制造费用
						销售部 汇总						2,300,000.00			
3	051067	打印机	HP2008	051	办公设备	信息部	购入	正常使用	5	2015/1/1	双倍余额法	300,000.00	12	1.00%	管理费用
5	011023	办公楼	10万平米	011	房屋	信息部	自建	正常使用	30	2014/1/1	平均年限法	5,000,000.00	24	10.00%	管理费用
16	051055	笔记本电脑	IBM	051	办公设备	信息部	购入	正常使用	5	2014/10/1	双倍余额法	12,000.00	15	2.00%	管理费用
						信息部 汇总						5,312,000.00			
4	021031	吊车	QH-20S	021	生产设备	一车间	购入	正常使用	10	2015/1/1	工作量法	1,200,000.00	12	4.00%	制造费用
11	011016	厂房	100万平米	011	房屋	一车间	自建	正常使用	30	2014/2/1	平均年限法	16,000,000.00	23	10.00%	制造费用
						一车间 汇总						17,200,000.00			
						总计						26,455,000.00			

图6–6　查看结果

8. 选择左侧按钮 1 2 3 中的“2”，出现按各部门汇总的资产原值，如图6-7所示。

图6-7 资产原值显示

案例 6.1.2 隐藏和显示数据明细

为了方便查看数据，可将分类汇总后暂时不需要使用的数据隐藏起来，以减小界面的占用空间。当需要查看隐藏的数据时，可再将其显示。

※隐藏和显示华其公司办公室固定资产总额及明细。

◎【操作步骤】

1. 为工作表"华其公司固定资产清单"创建分类汇总后，单击其左侧的 按钮，可以按级别显示表格数据，如图6-8所示。

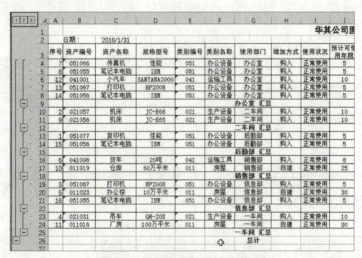

图6-8 按级别显示表格数据

2. 如果需要显示和隐藏任意部门的明细数据，可以使用以下两种方法来完成。

方法一：选择需要显示或者隐藏明细数据所在分类的任意单元格，选择菜单中"数据"选项卡的"显示明细数据"按钮或者"隐藏明细数据"按钮即可，如图6-9所示。

图6-9 显示或隐藏明细数据

比如要隐藏办公室明细数据，则将鼠标置于I6单元格，选择"隐藏明细数据"后，出现如图6-10所示界面。

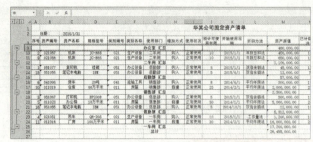

图6-10 隐藏办公室明细数据

方法二：在创建了分类汇总的工作表中单击其左侧的按钮 - 或 + ，即可快速隐藏或者显示相应部门明细数据。

案例 6.1.3 创建组合

在编辑表格时，如果不想显示某些行或列，可以设置隐藏行或列，需要查看时再取消隐藏。

每一次隐藏或显示都需要将表格的行或列选中，多次反复操作，很麻烦。其实可以一键隐藏，也可以一键取消隐藏，这就是Excel的组合功能。

打开“华其公司固定资产清单”工作表，可看到各部门的资产。如果每次只想看到一个部门的资产，该怎么设置呢？

※按使用部门查看华其公司固定资产明细。

◎【操作步骤】

1.打开“华其公司固定资产管理.xlsx”素材文件中的第一张工作表“华其公司固定资产清单”后，按“使用部门”排序，如图6-11所示。

华其公司固定资产清单

日期：2016/1/31

序号	资产编号	资产名称	规格型号	类别编号	类别名称	使用部门	增加方式	使用状况	预计可使用年限	开始使用日期	折旧方法	资产原值	已计提折旧月份	净残值率	折旧费用类别
7	051066	传真机	佳能	051	办公设备	办公室	购入	正常使用	5	2015/6/1	双倍余额法	6,000.00	7	1.00%	管理费用
8	051055	笔记本电脑	IBM	051	办公设备	办公室	购入	正常使用	5	2014/10/1	双倍余额法	12,000.00	15	2.00%	管理费用
12	041001	小汽车	SANTANA2000	041	运输工具	办公室	购入	正常使用	10	2014/6/1	工作量法	150,000.00	18	2.00%	管理费用
13	051067	打印机	HP2008	051	办公设备	办公室	购入	正常使用	5	2015/1/1	双倍余额法	300,000.00	12	1.00%	管理费用
14	051056	笔记本电脑	IBM	051	办公设备	办公室	购入	正常使用	5	2015/6/1	双倍余额法	12,000.00	7	2.00%	管理费用
2	021057	机床	JC-H68	021	生产设备	二车间	购入	正常使用	10	2015/1/1	年数总和法	456,000.00	12	4.00%	制造费用
9	021056	机床	JC-H65	021	生产设备	二车间	购入	正常使用	10	2015/1/1	年数总和法	650,000.00	12	4.00%	制造费用
1	051077	复印机	佳能	051	办公设备	后勤部	购入	正常使用	5	2015/1/1	双倍余额法	45,000.00	12	1.00%	管理费用
15	051056	笔记本电脑	IBM	051	办公设备	后勤部	购入	正常使用	5	2015/6/1	双倍余额法	12,000.00	7	2.00%	管理费用
6	041006	货车	20吨	041	运输工具	销售部	购入	正常使用	8	2014/6/1	平均年限法	300,000.00	18	4.00%	销售费用
10	011019	仓库	60万平米	011	房屋	销售部	自建	正常使用	25	2014/2/1	平均年限法	2,000,000.00	23	10.00%	制造费用
3	051067	打印机	HP2008	051	办公设备	信息部	购入	正常使用	5	2015/1/1	双倍余额法	300,000.00	12	1.00%	管理费用
5	011023	办公楼	10万平米	011	房屋	信息部	自建	正常使用	30	2014/1/1	平均年限法	5,000,000.00	24	10.00%	管理费用
16	051055	笔记本电脑	IBM	051	办公设备	信息部	购入	正常使用	5	2014/10/1	双倍余额法	12,000.00	15	2.00%	管理费用
4	021031	吊车	QH-20S	021	生产设备	一车间	购入	正常使用	10	2015/1/1	工作量法	1,200,000.00	12	4.00%	制造费用
11	011016	厂房	100万平米	011	房屋	一车间	自建	正常使用	30	2014/2/1	平均年限法	16,000,000.00	23	10.00%	制造费用

图6-11 按“使用部门”排序

2. 将使用部门是“办公室”的行选中，选择“数据”选项卡中的“组合”按钮，如图6-12和图6-13所示。

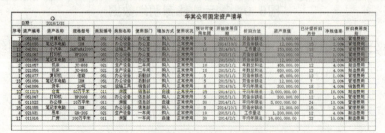

图6-12 选择使用部门是“办公室”的行

图6-13 选择"组合"按钮

3.在弹出的"组合"对话框中将"行"选中,单击"确定"按钮,如图6-14所示。

图6-14 选中"行"

4.这时会看到在表格的左侧出现了1、2两个视图。单击"1"可以将办公室固定资产折叠起来;单击"2"可以看到全部内容。在办公室固定资产内容的左侧还出现了折叠按钮,可以将办公室固定资产部分折叠起来,如图6-15所示。

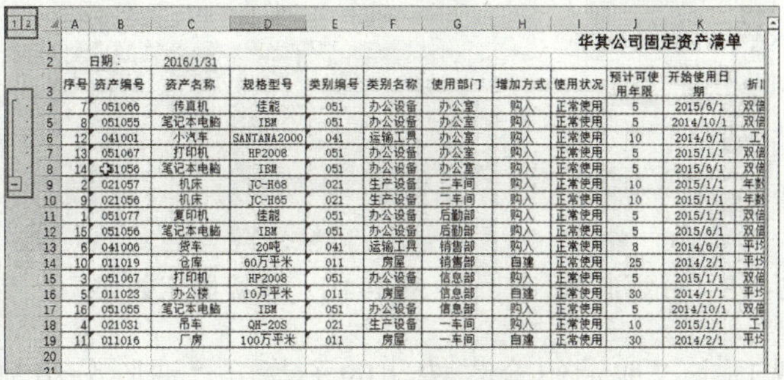

图6-15 折叠内容

5.依次分别设置其他部门的组合。需要显示哪个部门的固定资产,就单击左侧的+按钮展开,如图6-16所示。

图6-16 显示内容

案例 5.1.4 取消组合

※取消华其公司固定资产组合。

◎【操作步骤】

1.选择"数据"选项卡"取消组合"按钮的子菜单"取消组合",如图6-17所示。

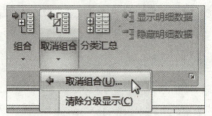

图6-17 选择“取消组合”

2. 单击后，表格即恢复组合前的样式。

案例 6.1.5 建立自动分级显示与取消分级显示

※建立华其公司固定资产自动分级显示并取消分级显示。

1. 选中“使用部门”，排序之后进行分类汇总（汇总项必须是排过序的相应字段）。汇总完成后，最左边就有分级显示。如图6-18和图6-19所示。

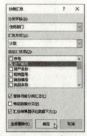

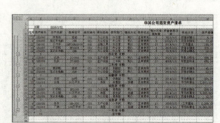

图6-18 分类汇总

图6-19 分级显示效果

2. 选择“数据”选项卡“取消组合”按钮的子菜单“清除分级显示”， 如图6-20和图6-21所示。

图6-20 选择“清除分级显示”

华其公司固定资产清单

日期： 2016/1/31

序号	资产编号	资产名称	规格型号	类别编号	类别名称	使用部门	增加方式	使用状况	预计可使用年限	开始使用日期	折旧方法	资产原值	已计提折旧月份	净残值率	折旧费用类别
7	051066	传真机	佳能	051	办公设备	办公室	购入	正常使用	5	2015/6/1	双倍余额法	6,000.00	7	1.00%	管理费用
8	051055	笔记本电脑	IBM	051	办公设备	办公室	购入	正常使用	5	2014/10/1	双倍余额法	12,000.00	15	2.00%	管理费用
12	041001	小汽车	SANTANA2000	041	运输工具	办公室	购入	正常使用	10	2014/6/1	工作量法	150,000.00	18	2.00%	管理费用
13	051067	打印机	HP2008	051	办公设备	办公室	购入	正常使用	5	2015/1/1	双倍余额法	300,000.00	12	1.00%	管理费用
14	051056	笔记本电脑	IBM	051	办公设备	办公室	购入	正常使用	5	2015/6/1	双倍余额法	12,000.00	7	2.00%	管理费用
	5					办公室 计数									
2	021057	机床	JC-H68	021	生产设备	二车间	购入	正常使用	10	2015/1/1	年数总和法	456,000.00	12	4.00%	制造费用
9	021056	机床	JC-H65	021	生产设备	二车间	购入	正常使用	10	2015/1/1	年数总和法	650,000.00	12	4.00%	制造费用
	2					二车间 计数									
1	051077	复印机	佳能	051	办公设备	后勤部	购入	正常使用	5	2015/1/1	双倍余额法	45,000.00	12	1.00%	管理费用
15	051056	笔记本电脑	IBM	051	办公设备	后勤部	购入	正常使用	5	2015/6/1	双倍余额法	12,000.00	7	2.00%	管理费用
	2					后勤部 计数									
6	041006	货车	20吨	041	运输工具	销售部	购入	正常使用	8	2014/6/1	平均年限法	300,000.00	18	4.00%	销售费用
10	011019	仓库	60万平米	011	房屋	销售部	自建	正常使用	25	2014/2/1	平均年限法	2,000,000.00	23	10.00%	制造费用
	2					销售部 计数									
3	051067	打印机	HP2008	051	办公设备	信息部	购入	正常使用	5	2015/1/1	双倍余额法	300,000.00	12	1.00%	管理费用
5	011023	办公楼	10万平米	011	房屋	信息部	自建	正常使用	30	2014/1/1	平均年限法	5,000,000.00	24	10.00%	管理费用
16	051055	笔记本电脑	IBM	051	办公设备	信息部	购入	正常使用	5	2014/10/1	双倍余额法	12,000.00	15	2.00%	管理费用
	3					信息部 计数									
4	021031	吊车	QH-20S	021	生产设备	一车间	购入	正常使用	10	2015/1/1	工作量法	1,200,000.00	12	4.00%	制造费用
11	011016	厂房	100万平米	011	房屋	一车间	自建	正常使用	30	2014/2/1	平均年限法	16,000,000.00	23	10.00%	制造费用
	2					一车间 计数									
	16					总计数									

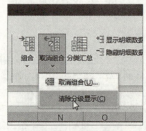

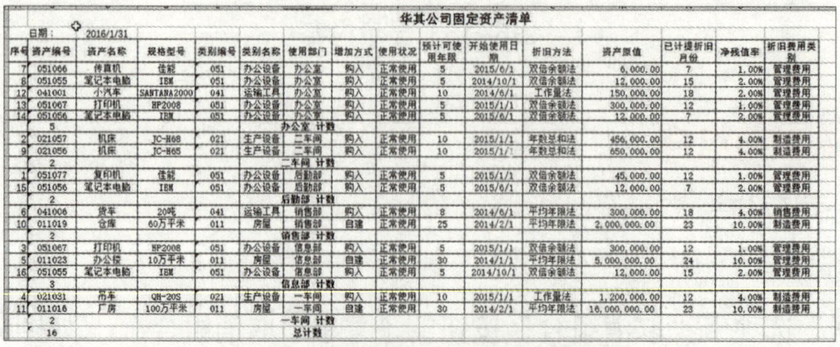

图6-21 清除分级显示后效果

案例 6.1.6 分页打印汇总数据

前面介绍的Excel分页打印都是采用插入分页符的方法实现的,对于数据量小的工作表,实现起来很简单。但若遇到一个上百页的分页打印,插入分页符的操作太烦琐,下面介绍一键式的操作,从而实现分页打印各部门固定资产汇总清单。

※分页打印华其公司各部门固定资产清单数据。

◎【操作步骤】

1. 选中"使用部门"排序之后,在"数据"选项卡中单击"分类汇总",弹出"分类汇总"对话框,分类字段选择"使用部门",汇总方式选择"求和",选定汇总项选择"资产原值",勾选"替换当前分类汇总""每组数据分页"和"汇总结果显示在数据下方",单击"确定"按钮,即可分部门分页打印,如图6-22所示。

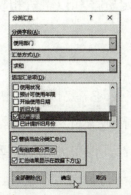

图6-22 设置分类汇总

2. 单击"视图"菜单中的"分页预览"按钮,效果如图6-23和图6-24所示。

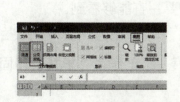 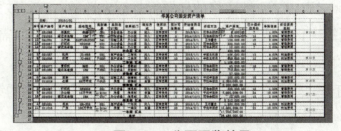

图6-23 单击"分页预览"按钮　　　图6-24 分页预览效果

实训任务 1 查看资产清单

●【练习目的】制作固定资产清单表。

利用本任务所学的知识制作一份"班级(部门)固定资产清单"工作簿,要求如下:

1. 建立班级(部门)的固定资产清单。

2. 按"类别名称"进行分类汇总。

3. 按"类别"创建组合。

4. 取消分级显示。

5. 分页打印各类资产。

学习任务 6.2　计算机器设备折旧值

固定资产折旧是指在固定资产的使用寿命内，按照确定的方法对应计折旧额进行的系统分摊。其中，应计折旧额是指应当计提折旧的固定资产的原价扣除其预计净残值后的余额。

根据我国会计准则，企业应当对所有的固定资产计提折旧。一般来说，企业在用的固定资产（包括经营用的固定资产、非经营用的固定资产、租出固定资产等）均应计提折旧。具体范围包括房屋和建筑物；在用的机器设备、运输车辆、电气设备、季节性停用和大修理停用的设备；以经营租赁方式租出的固定资产和以融资租赁方式租入的固定资产等。

案例 6.2.1　冻结窗格

在Excel中查看规模比较大的工作表时，要比较表中不同部分的数据，可以利用工作表中的冻结窗口功能来固定窗口，将某几行或某几列的数据冻结起来，这样滚动窗口时，这几行或几列数据就会被固定住，而不会随着其他单元格的移动而移动。一般来说，冻结工作表行标题和列标题可以将屏幕外的单元格与行标题和列标题对应起来，非常方便查看。下面一起来学习在Excel 2019中是如何冻结窗口的。

※冻结华其公司固定资产清单窗格。

在Excel表中，一般表格的标题行是标志性的，在行数太多的情况下，下拉的时候可能出现看不到第一行的情况，所以需要把表格的标题行锁定，需要一直能够看到。

◎【操作步骤】

1. 打开"华其公司固定资产管理.xlsx"素材文件中的第一张工作表"华其公司固定资产清单"，如图6-25所示。

图6-25　打开资产清单

2. 选定单元格B4，选择"视图"选项卡，单击"冻结窗格"按钮，选定子菜单中的"冻结窗格"，如图6-26所示。

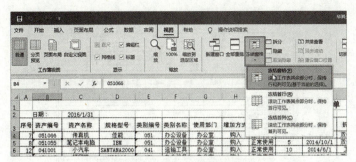

图6-26 选中"冻结窗格"

3. 设置好冻结窗格以后，滚动鼠标滑轮，可以找到下面任意行。

案例6.2.2 取消冻结窗格

※取消冻结华其公司固定资产清单窗格。

◎【操作步骤】

1. 接案例6.2.1，在"华其公司固定资产清单"工作表中，再次选择"视图"选项卡，单击"冻结窗格"按钮，选定子菜单中的"取消冻结窗格"，如图6-27所示。

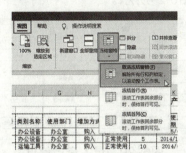

图6-27 选择"取消冻结窗格"

2. 工作表即恢复初始状态。

6.2.3 计算固定资产折旧值

在财务处理中，折旧是一个十分重要的环节。在企业固定资产的使用年限内，会因有形或无形的损耗而损失其价值，因此，需要将成本转化为费用，这就是折旧。本部分将重点介绍Excel中的折旧函数。

※利用平均年限法计算华其公司房屋的年折旧额。

◎【操作步骤】

1. 打开"华其公司固定资产管理.xlsx"素材文件中的第二张工作表"固定资产卡片"，如图6-28所示。

2. 为了方便使用，选定B4单元格，冻结窗格。

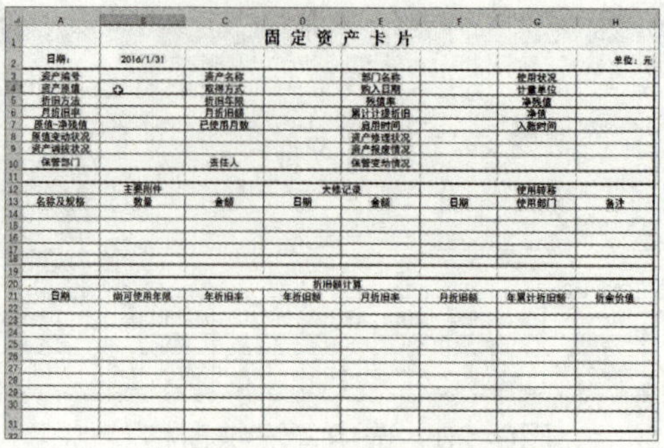

图6–28 冻结窗格

3. 按照资产清单信息，录入编号为011016资产的具体信息，其中：

净残值H5=B4*F5；

月折旧率B6=(1-F5)/(D5*12)；

月折旧额D6=B4*B6；

累计计提折旧F6=D6*D7；

净值H6=B4-F6；

原值-净残值B7=B4-H5，如图6-29所示。

固 定 资 产 卡 片							
日期：	2016/1/31						单位：元
资产编号	011016	资产名称	厂房	部门名称	一车间	使用状况	在用
资产原值	16,000,000.00	取得方式	自建	购入日期	2014/2/1	计量单位	栋
折旧方法	平均年限法	折旧年限	30	残值率	10%	净残值	1,600,000.00
月折旧率	0.0025	月折旧额	40,000.00	累计计提折旧	960,000.00	净值	15,040,000.00
原值-净残值	14,400,000.00	已使用月数	24	启用时间	2014/2/1	入账时间	2014/2/1
原值变动状况				资产修理状况			
资产调拨状况				资产报废情况			
保管部门	一车间	责任人	王林	保管变动情况			

图6–29 录入资产信息

4. 填写并计算每年折旧额，如图6-30所示。

折旧额计算							
日期	尚可使用年限	年折旧率	年折旧额	月折旧率	月折旧额	年累计折旧额	折余价值

图6–30 填写并计算每年折旧额

5. 填写日期：日期 2015/2/1 2016/2/1，选定两个单元格，鼠标在右下角变为黑色“十”字形时，向下拖动 2015/2/1 2016/2/1 至合适位置。

年折旧率C22=(1-F5)/D5；

年折旧额D22=B4*C22；

月折旧率E22=C22/12；

月折旧额F22=D22/12；

年累计折旧额G22=F22*12；

折余价值H22=B4-G22。

计算结果如图6-31所示。

折旧额计算							
日期	尚可使用年限	年折旧率	年折旧额	月折旧率	月折旧额	年累计折旧额	折余价值
2015/2/1	30	0.03	480,000.00	0.0025	40,000.00	480,000.00	15,520,000.00

图6-31 折旧额计算

6. 选定C22:G22区域，当鼠标在G22单元格右下角变为黑色"十"字形时，如图6-32所示，拖动黑色"+"至第51行即可，如图6-33所示。

折旧额计算					
年折旧率	年折旧额	月折旧率	月折旧额	年累计折旧额	折余价值
0.03	480,000.00	0.0025	40,000.00	480,000.00	15,520,000.00

图6-32 选定工作区域

年折旧率	年折旧额	月折旧率	月折旧额	年累计折旧额	折余价值
0.03	480,000.00	0.0025	40,000.00	480,000.00	15,520,000.00
0.03	480,000.00	0.0025	40,000.00	480,000.00	
0.03	480,000.00	0.0025	40,000.00	480,000.00	
0.03	480,000.00	0.0025	40,000.00	480,000.00	
0.03	480,000.00	0.0025	40,000.00	480,000.00	
0.03	480,000.00	0.0025	40,000.00	480,000.00	
0.03	480,000.00	0.0025	40,000.00	480,000.00	
0.03	480,000.00	0.0025	40,000.00	480,000.00	
0.03	480,000.00	0.0025	40,000.00	480,000.00	
0.03	480,000.00	0.0025	40,000.00	480,000.00	
0.03	480,000.00	0.0025	40,000.00	480,000.00	
0.03	480,000.00	0.0025	40,000.00	480,000.00	
0.03	480,000.00	0.0025	40,000.00	480,000.00	

图6-33 拖动鼠标

7. 单击H23单元格，录入"=H22-G23"，如图6-34所示。

图6-34 录入"=H22-G23"

8. 计算后，选定单元格H23，鼠标在单元格右下角变为黑色"十"字形时，如图6-35所示，拖动鼠标至指定位置，效果如图6-36所示。

图6-35 选定单元格

图6-36 拖动鼠标

学习任务6.3 三种折旧函数

固定资产折旧的计提是固定资产管理的一项重要工作。手工计算固定资产折旧金额的过程非常烦琐,对此,Excel 2019中提供了不同的函数计算固定资产的折旧值。固定资产折旧方法有以下四种:平均年限法(又称直线法)、工作量法、双倍余额递减法、年数总和法。在财务的实际应用中,会根据企业资产的实际情况选择不同的折旧方法。每个函数对应着不同的折旧方法,下面主要介绍三种折旧函数。

案例6.3.1 SLN函数:平均年限法计算折旧值

【函数说明】使用平均年限法计算资产折旧值。平均年限法指资产原值减去残值后,在预计使用年限内平均摊销。年折旧值为资产原值减去资产残值后,再除以使用年限。

【函数表达式】SLN(Cost,Salvage,Life)

Cost表示固定资产原值;

Salvage表示固定资产预计净残值;

Life表示固定资产折旧年限。

【使用说明】平均年限法计算的每个期间的折旧值相等,所以不用考虑计算折旧的期间。

【举例】利用平均年限法计算上例华其公司厂房的年折旧额，价值为16 000 000元，使用年限为30年，估计残值为1 600 000元，请使用SLN函数。

◎【操作步骤】

1. 进入SLN工作表，选定单元格B6，选择"公式"选项卡中的"财务"按钮，再选择子菜单中的"SLN"函数，如图6-37所示。

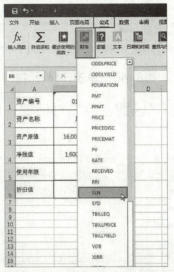

图6-37 选择"SLN"函数

2. 弹出"函数参数"对话框，如图6-38所示。

图6-38 "函数参数"对话框

单击Cost后的"折叠"按钮，单击B3单元格，如图6-39所示。

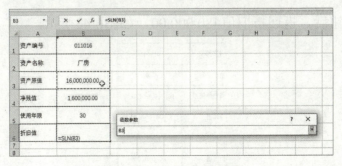

图6-39 单击B3单元格

再次单击“折叠”按钮，返回“函数参数”对话框。单击Salvage后的“折叠”按钮，单击B4单元格，如图6-40所示。

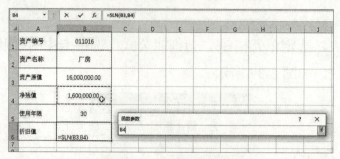

图6-40　单击B4单元格

再次单击“折叠”按钮，返回“函数参数”对话框。单击Life后的“折叠”按钮，单击B5单元格，如图6-41所示。

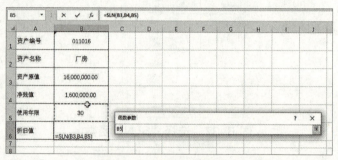

图6-41　单击B5单元格

再次单击“折叠”按钮，返回“函数参数”对话框，如图6-42所示。

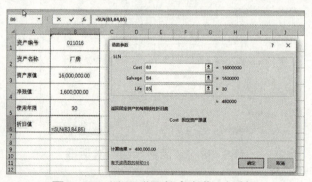

图6-42　返回“函数参数”对话框

单击“确定”按钮后，返回折旧值480 000.00，如图6-43所示。

资产编号	011016
资产名称	厂房
资产原值	16, 000, 000. 00
净残值	1, 600, 000. 00
使用年限	30
折旧值	480, 000. 00

图6-43　返回折旧值

案例 6.3.2 DDB 函数：双倍余额递减法计算折旧值

【函数说明】根据双倍余额递减法来计算资产在某一期间内的折旧值。

【函数表达式】DDB(Cost,Salvage,Life,Period,Factor)

【参数说明】Factor代表余额递减率，表示折旧的速度。使用函数时，其值可以是大于0的任意值，如果省略，则默认为2，表示双倍余额递减率。

【使用说明】

1.要计算折旧的期间Period，必须和折旧期限 Life 使用相同的单位。如果 Life 用年表示，那么 Period 也用年表示。

2.Factor 的值可以改变，当其值2时，表示双倍余额递减法。

【知识拓展】

1.相对引用，复制公式时地址跟着发生变化，如C1单元格有公式=A1+B1，当将公式复制到C2单元格时，变为=A2+B2。

2.绝对引用，复制公式时地址不会跟着发生变化，如C1单元格有公式=$A$1+$B$1，当将公式复制到C2单元格时，仍为=$A$1+$B$1。

3.混合引用，复制公式时地址的部分内容跟着发生变化，如C1单元格有公式=$A1+B$1，当将公式复制到C2单元格时，变为=$A2+B$1。

规律：加上了绝对地址符"$"的列标和行号为绝对地址，在公式向旁边复制时，其不会发生变化；没有加上绝对地址符号的列标和行号为相对地址，在公式向旁边复制时，其会跟着发生变化；混合引用时，部分地址发生变化。

【举例】华其公司编号为051055的笔记本电脑，价值为12 000元，使用年限为 5 年，估计净残值为240元，请采用"双倍余额递减法"计算其每年折旧额。

◎【操作步骤】

1. 进入DDB工作表，录入资产相关信息，选定单元格B7，选择"公式"选项卡中的"财务"按钮，选择子菜单中的"DDB"函数，如图6-44所示。

图 6-44 选择"DDB"函数

2. 弹出"函数参数"对话框，如图6-45所示。

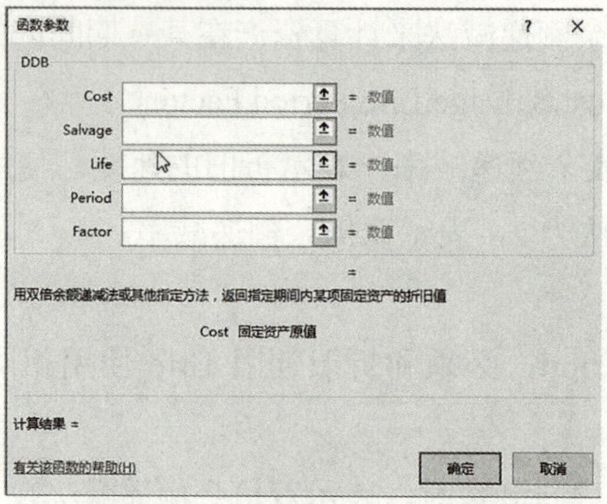

图6-45 "函数参数"对话框

单击Cost后的"折叠"按钮，单击B3单元格，如图6-46所示。

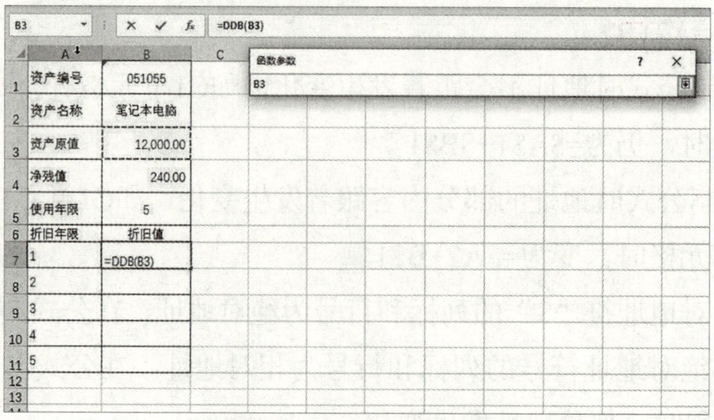

图6-46 单击B3单元格

再次单击"折叠"按钮，返回"函数参数"对话框，如图6-47所示。

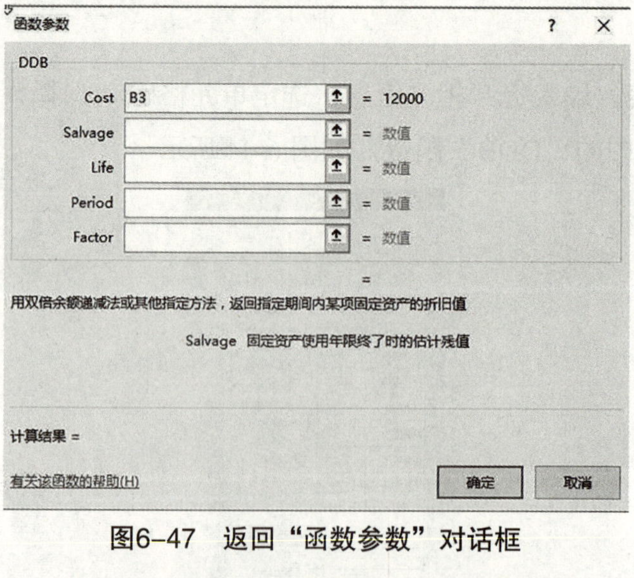

图6-47 返回"函数参数"对话框

单击Salvage后的"折叠"按钮，单击B4单元格，如图6-48所示。

图6-48 单击B4单元格

再次单击"折叠"按钮,返回"函数参数"对话框,如图6-49所示。

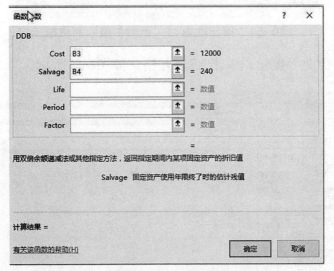

图6-49 再次返回"函数参数"对话框

单击Salvage后的"折叠"按钮,单击B5单元格,如图6-50所示。

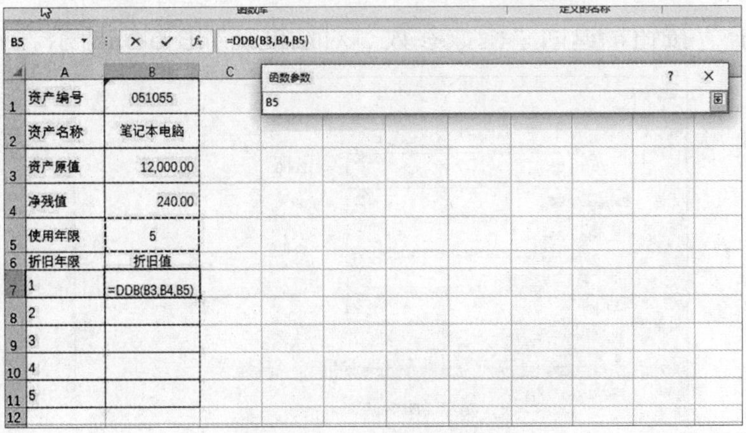

图6-50 单击B5单元格

再次单击"折叠"按钮,返回"函数参数"对话框,如图6-51所示。

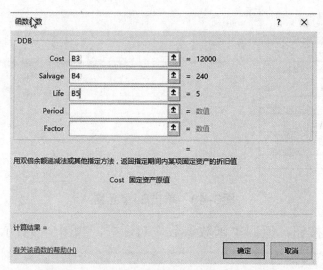

图6-51 第三次返回"函数参数"对话框

单击Period后的"折叠"按钮,单击A7单元格,如图6-52所示。

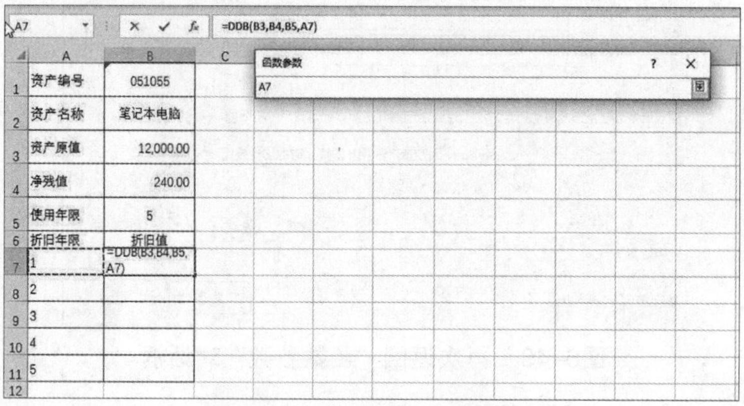

图6-52 单击A7单元格

再次单击"折叠"按钮,返回"函数参数"对话框,如图6-53所示。

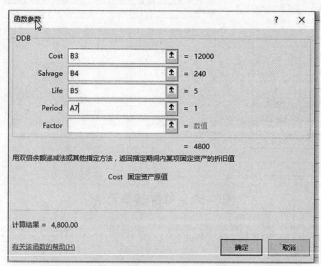

图6-53 第四次返回"函数参数"对话框

Factor默认为2,直接单击"确定"按钮,返回第一年折旧值4 800.00,如图6-54所示。

图6-54 返回第一年折旧值

因为对第二、三年折旧值的计算需要进行绝对引用，单击单元格 B6，将函数表达式加上绝对引用，即"=DDB($B$3,$B$4,$B$5,A7)"（方法：将鼠标确定在相应位置B3前，按功能键F4，即可变为绝对引用$B$3，依此操作），结果如图 6-55 所示，计算第一年的折旧值。

图6-55 输入函数表达式

然后利用自动填充功能计算第二、三年的折旧值，结果如图 6-56所示。

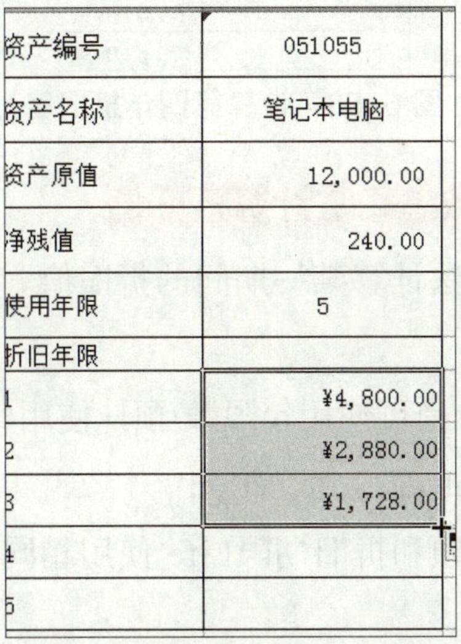

图 6-56 自动填充第二、三年折旧值

●【温馨提示】采用双倍余额递减法计提固定资产折旧时，一般应在固定资产使用寿命最后两年内，将固定资产账面净值扣除预计净残值后的净值平均摊销。

选定B10单元格，录入"(=B3-B4-B7-B8-B9)/2"，如图6-57所示。

	A	B
1	资产编号	051055
2	资产名称	笔记本电脑
3	资产原值	12, 000. 00
4	净残值	240. 00
5	使用年限	5
6	折旧年限	
7	1	4, 800. 00
8	2	2, 880. 00
9	3	1, 728. 00
10	4	= (B3-B4-B7-B8-B9) /2
11	5	

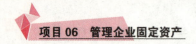

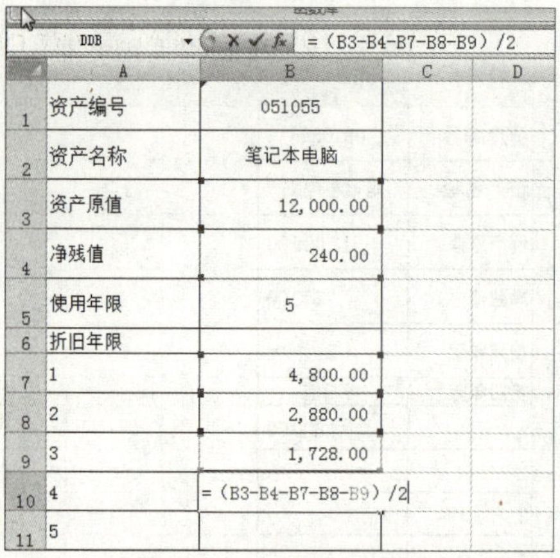

图 6–57　录入公式

按Enter键，计算出第四年折旧值1 176.00，将相同的数值录入第五年折旧值，如图6-58所示。

A	B
资产编号	051055
资产名称	笔记本电脑
资产原值	12, 000. 00
净残值	240. 00
使用年限	5
折旧年限	
1	4, 800. 00
2	2, 880. 00
3	1, 728. 00
4	1, 176. 00
5	1, 176. 00

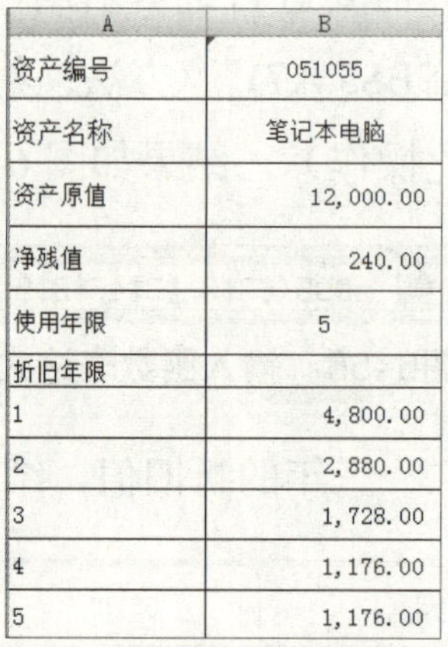

图 6–58　计算第四年折旧值

案例 6.3.3 SYD 函数：年数总和法计算折旧值

【函数说明】使用年数总和法计算某一期间的折旧值。用年数总和法计算出的折旧值随着年数的增加而逐渐减少。

年折旧率＝尚可使用年限数/预计使用各年限总和

【函数表达式】SYD(Cost,Salvage,Life,Period)

【使用说明】参数Period 必须和折旧期限Life 使用相同的单位。如果Life 按年计算，则Period 也必须按年计算。

【举例】华其公司编号为021056的机床，价值为650 000.00元，使用年限为10 年，估计净残值为26 000.00元，请采用年数总和法计算其每年折旧额。

◎【操作步骤】

1.进入SYD工作表，录入资产相关信息，如图6-59所示。选定单元格B7，选择“公式”选项卡中的“财务”按钮，选择子菜单中的“SYD”函数，如图6-60所示。

图 6-59 录入资产信息　　　　图 6-60 选择"SYD"函数

2. 弹出"函数参数"对话框，如图6-61所示。

图6-61 弹出"函数参数"对话框

单击Cost后的"折叠"按钮，单击B3单元格，如图6-62所示。

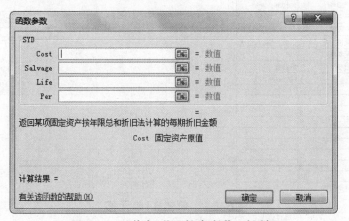

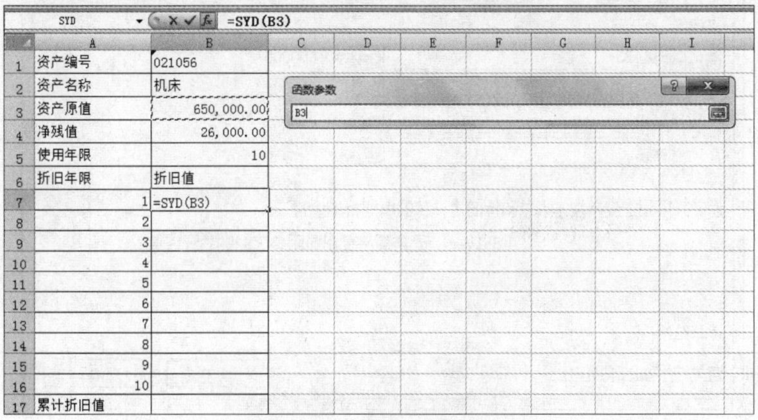

图6-62 单击B3单元格

再次单击"折叠"按钮，返回"函数参数"对话框，如图6-63所示。

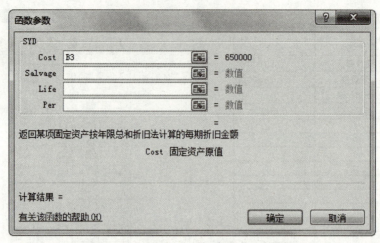

图6-63 返回"函数参数"对话框

单击Salvage后的"折叠"按钮，单击B4单元格，如图6-64所示。

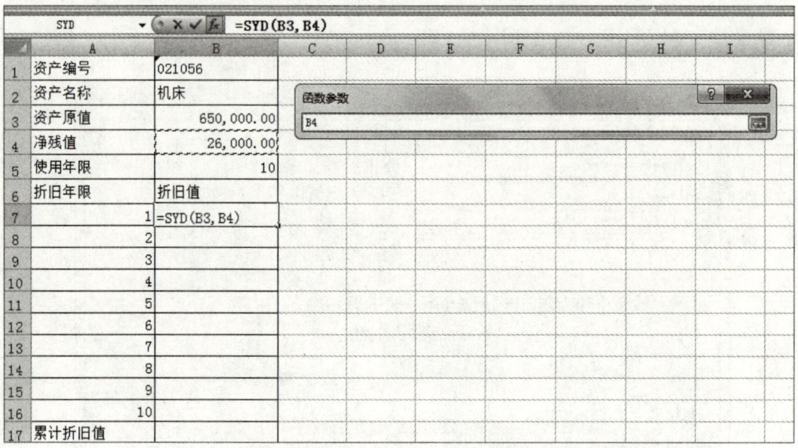

图6-64 单击B4单元格

再次单击"折叠"按钮，返回"函数参数"对话框，如图6-65所示。

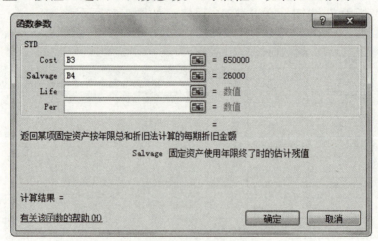

图6-65 再次返回"函数参数"对话框

单击Life后的"折叠"按钮，单击B5单元格，如图6-66所示。

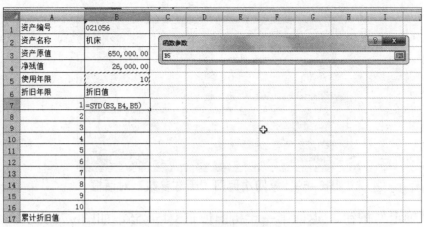

图6-66 单击B5单元格

再次单击"折叠"按钮,返回"函数参数"对话框,如图6-67所示。

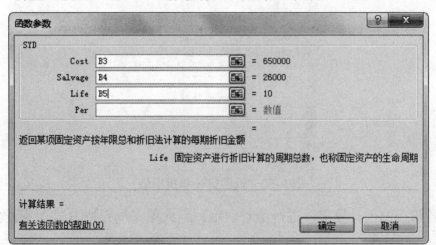

图6-67 第三次返回"函数参数"对话框

单击Period后的"折叠"按钮,单击A7单元格,如图6-68所示。

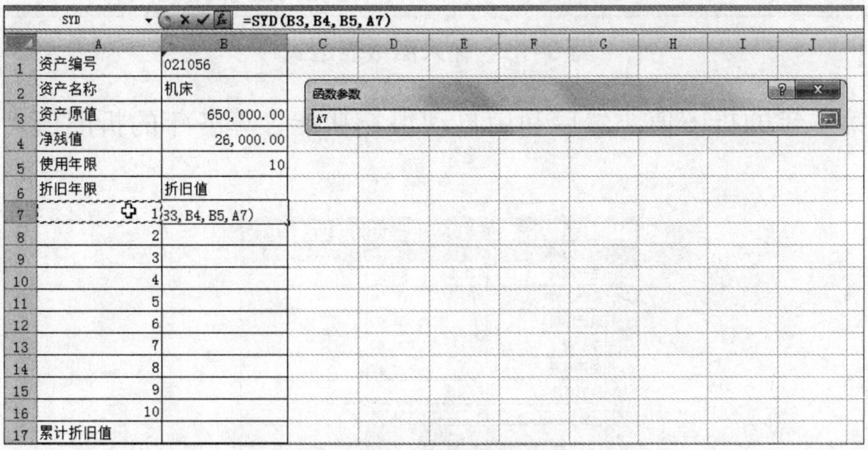

图6-68 单击A7单元格

再次单击"折叠"按钮,返回"函数参数"对话框,如图6-69所示。

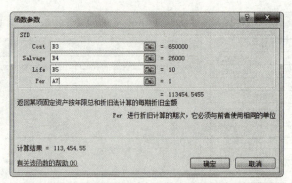

图6–69 第四次返回“函数参数”对话框

直接单击“确定”按钮，返回第一年折旧值113 454.55，如图6-70所示。

B7 fx =SYD(B3,B4,B5,A7)

	A	B	C	D
1	资产编号	021056		
2	资产名称	机床		
3	资产原值	650,000.00		
4	净残值	26,000.00		
5	使用年限	10		
6	折旧年限	折旧值		
7	1	113,454.55		
8	2			
9	3			
10	4			
11	5			
12	6			
13	7			
14	8			
15	9			
16	10			
17	累计折旧值			

图6–70 返回第一年折旧值

因为后面各年折旧值计算需要进行绝对引用，因此单击单元格 B7，将函数表达式加上绝对引用，即“=SYD($B$3,$B$4,$B$5,A7)”（方法：将鼠标确定在相应位置B3前，按功能键F4，即可变为绝对引用$B$3，依此操作），如图 6-71所示。

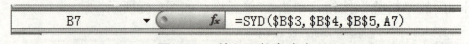

图 6–71 输入函数表达式

3. 计算出第一年的折旧值，然后利用自动填充功能计算各年的折旧值，结果如图6-72所示。

B7 fx =SYD($B$3,$B$4,$B$5,A7

	A	B	C	D
1	资产编号	021056		
2	资产名称	机床		
3	资产原值	650,000.00		
4	净残值	26,000.00		
5	使用年限	10		
6	折旧年限	折旧值		
7	1	113,454.55		
8	2	102,109.09		
9	3	90,763.64		
10	4	79,418.18		
11	5	68,072.73		
12	6	56,727.27		
13	7	45,381.82		
14	8	34,036.36		
15	9	22,690.91		
16	10	11,345.45		
17	累计折旧值			

图 6–72 各年折旧值

4. 选定B17单元格，录入“=SUM(B7:B16)”，返回累计折旧值624 000.00，结果如图6-73和图6-74所示。

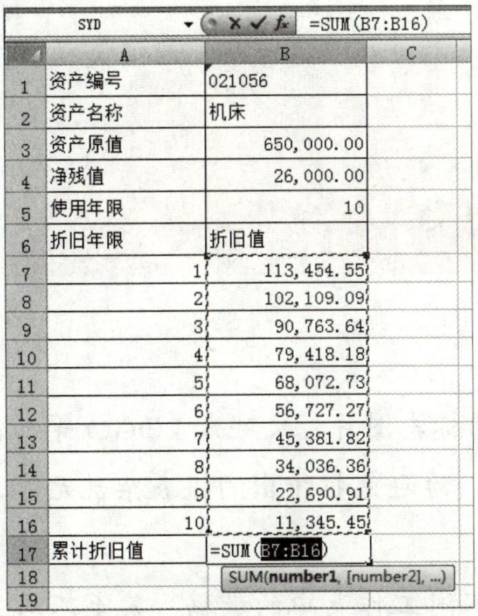

SYD　=SUM(B7:B16)

	A	B	C
1	资产编号	021056	
2	资产名称	机床	
3	资产原值	650,000.00	
4	净残值	26,000.00	
5	使用年限	10	
6	折旧年限	折旧值	
7	1	113,454.55	
8	2	102,109.09	
9	3	90,763.64	
10	4	79,418.18	
11	5	68,072.73	
12	6	56,727.27	
13	7	45,381.82	
14	8	34,036.36	
15	9	22,690.91	
16	10	11,345.45	
17	累计折旧值	=SUM(B7:B16)	
18		SUM(number1, [number2], ...)	
19			

图 6–73　录入公式

B18

	A	B
1	资产编号	021056
2	资产名称	机床
3	资产原值	650,000.00
4	净残值	26,000.00
5	使用年限	10
6	折旧年限	折旧值
7	1	113,454.55
8	2	102,109.09
9	3	90,763.64
10	4	79,418.18
11	5	68,072.73
12	6	56,727.27
13	7	45,381.82
14	8	34,036.36
15	9	22,690.91
16	10	11,345.45
17	累计折旧值	624,000.00

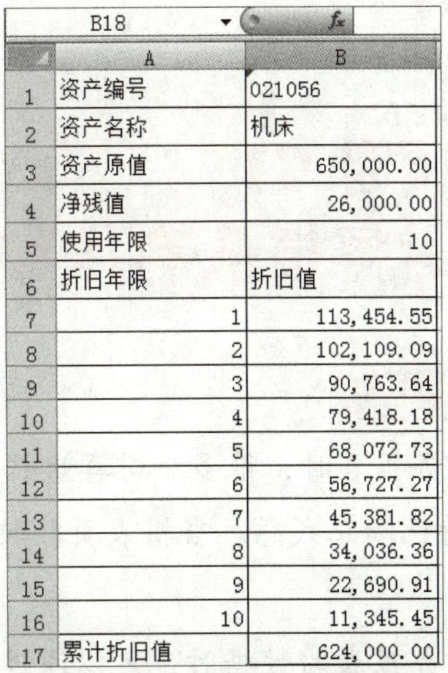

图 6–74　累计折旧值

实训任务 2 计算固定资产折旧值

●【练习目的】利用函数计算固定资产折旧值

利用本任务所学的知识请将实训 6.1 的固定资产清单冻结窗格后，要求如下：

1. 用平均年限函数计算相关资产折旧。

2. 用年数总和函数计算相关资产折旧。

3. 用双倍余额递减函数计算相关资产折旧。

4. 某厂商购买新机器，价值为 1 500 000 元，使用年限为 10 年，设备的估计残值为 130 000 元，厂家决定对这批机器按年限总和折旧计算折旧，请分别用三种折旧方法计算其各年折旧并进行比较。

项目 07
财务报表制作和数据分析

项目描述

在制作财务报表时,很多公司喜欢将自家的标志图片、文字或LOGO等加在上面,以凸显本公司的特色和正式感。当报表页数较多时,为避免打印出的报表杂乱无序,会在报表上添加页码。

在计算财务报表的数据时,可以通过引用不同工作表中的数据,甚至不同工作簿中的数据来简化计算,不仅高效,而且准确。

人们常说:"一图胜千言。""有图有真相。"使用图表可以使数据的比较趋势或结构组成一目了然,可以让财务分析图文并茂,更加直观和具有说服力。

本项目将教会大家如何在报表中添加企业LOGO和页码,如何引用不同工作表或不同工作簿的数据,如何制作财务图表进行数据分析。

学习目标

- ◆ 掌握插入图片的操作步骤
- ◆ 掌握不同工作簿或不同工作表的数据引用
- ◆ 学会利用图表进行数据分析

实训任务

- ◆ 插入图片
- ◆ 设置图片格式
- ◆ 添加页码
- ◆ 引用不同工作表中的数据
- ◆ 引用不同工作簿中的数据
- ◆ 了解常用图表类型
- ◆ 创建图表

- ◆ 更改图表数据源
- ◆ 设置图表标题
- ◆ 更改图表类型
- ◆ 设置图表布局
- ◆ 调整图表大小
- ◆ 自定义创建数据透视表
- ◆ 更改数据透视表数据源
- ◆ 添加行标签和列标签
- ◆ 设置数据透视表样式
- ◆ 更改数据透视表布局
- ◆ 编辑数据透视表数据
- ◆ 对数据透视表进行分组
- ◆ 清除数据透视表

学习任务 7.1　在报表中添加企业 LOGO 和页码

本任务的目的是在财务报表中插入企业LOGO和页码。

案例 7.1.1　插入 LOGO 图片

在利润表中插入企业LOGO图片，如图7-1所示。

项目07 财务报表制作和数据分析

图7-1 在利润表中插入企业LOGO图片

◎【操作步骤】

1. 打开素材中的"财务报表利润表"。

2. 单击"插入"选项卡中的"图片"按钮，如图7-2所示。

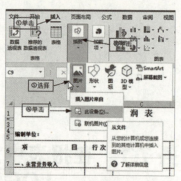

图7-2 单击"图片"按钮

3. 打开"插入图片"对话框，在素材中找到"华为LOGO"文件，选中该文件，单击"插入"按钮，如图7-3所示。

图7-3 单击"插入"按钮

4. 对插入的图片调整大小，并拖曳到合适的位置，如图7-4所示。

学习任务 7.1　在报表中添加企业 LOGO 和页码

图7-4　调整图片大小

案例 7.1.2　设置图片格式

在新建Excel表格中插入"华为LOGO"图片，将图片设置成10厘米×10厘米，"重新着色"选择"强调文字颜色2深色"，加金属框架，如图7-5所示。

图7-5　华为"LOGO"图片

◎【操作步骤】

1. 新建一张空的Excel表格，插入素材中的"华为LOGO.jpg"图片，具体步骤可以参考案例7.1.1。

2. 单击图片，菜单栏会自动跳到"格式"菜单。在"格式"菜单栏下，可以设置图片具体格式，如图7-6所示。

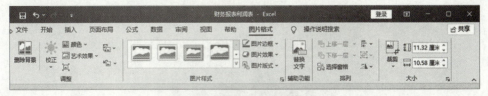

图7-6　设置图片具体格式

3. 单击"大小"组右下角的"对话框启动器"按钮，打开"大小和属性"对话框，取消勾选"锁定纵横比"，调整图片尺寸为10厘米×10厘米。如图7-7和图7-8所示。

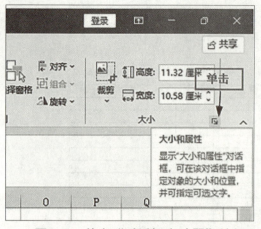 

图7-7 单击"对话框启动器"按钮　　　　图7-8 调整图片尺寸

4. 单击"颜色"按钮,选择"文本颜色2深色",图片变色,如图7-9所示。

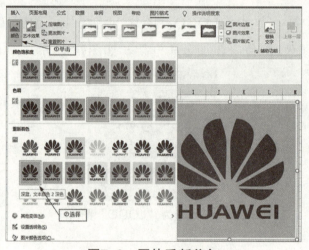

图7-9 图片重新着色

5. 选择图片样式组中"金属框架"按钮,给图片加上边框,如图7-10所示。

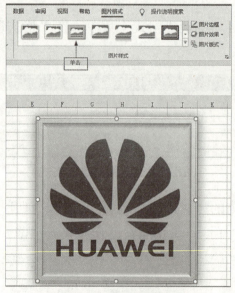

图7-10 图片加边框

案例 7.1.3 添加页码

给利润表添加页码，如图7-11所示。

第 1 页，共 1 页

利　润　表

编制单位：　　　　　　　　　　　　单位：人民币元

项　　　　目	行 次	本月数	本 年 累 计 数
一、主营业务收入	1		
减：主营业务成本	2		
营业费用	3		
营业税金及附加	4		
	5		
二、主营业务利润	7		
加：其他业务利润	8		
	9		
减：管理费用	10		

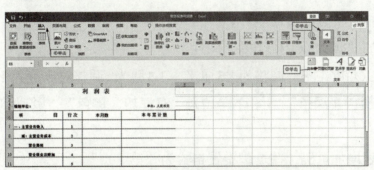

图7–11　给利润表添加页码

◎【操作步骤】

1. 打开素材中的“财务报表利润表”。

2. 单击“插入”选项卡中的“页眉和页脚”按钮，如图7-12所示，会出现“页眉和页脚”选项卡，如图7-13所示。

图7–12　单击“页眉和页脚”按钮

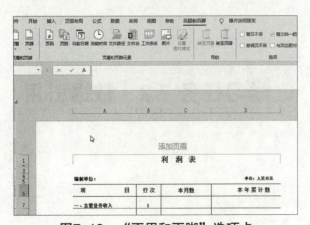

图7–13　“页眉和页脚”选项卡

3. 单击“页眉”按钮，选择第三行样式即可，如图7-14所示。

图7-14　选择样式

● 【特别说明】有的电脑默认起始页码是"-4 105页",需要到"页面布局"选项卡下单击"页面设置"按钮,在"页面"选项下把起始页码改成"1"。

实训任务1　插入"实训LOGO.JPG"图片

实训任务如下：

1. 请从素材中打开"资产负债表"。

2. 插入素材中的"实训LOGO.JPG"图片。

3. 将"实训LOGO.JPG"图片调整为1.5厘米×1.5厘米,调整对比度为+10%,亮度为-10%,重新着色为"文字颜色4深色",图片样式为"双框架、黑色"。移动到资产负债表左上角空白处。

4. 给资产负债表增加页码,在页脚设置格式为"第1页"。

学习任务7.2　数据引用

本任务的目标是通过引用不同工作表中的数据和引用不同工作簿中的数据来计算财务报表中的栏目。

案例 7.2.1 引用不同工作表中的数据

利用同一个工作簿中的科目余额表中的数据计算资产负债表中的货币资金项目期末余额。

◎【操作步骤】

1. 打开素材中的"引用不同工作表中的数据.xlsx"文件，选择"资产负债表"工作表。

2. 双击"货币资金"期末余额单元格，即B5单元格，输入"="，如图7-15所示。

图7-15 双击B5单元格

3. 单击切换到"科目余额表"，单击G2单元格，然后输入"+"，再单击G3单元格。看到编辑栏出现了刚才录入的公式，即"=科目余额表!G2+科目余额表!G3"，如图7-16所示。

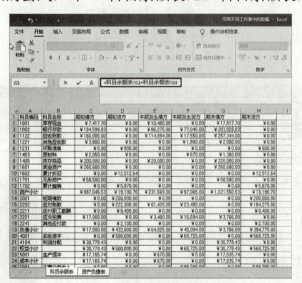

图7-16 录入公式

4. 按Enter键，表格自动切回"资产负债表"，我们会看到货币资金期末余额已经自动计算好，如图7-17所示。

项目 07 财务报表制作和数据分析

图6-17 计算结果

案例 7.2.2 引用不同工作簿中的数据

利用科目余额表工作簿中的数据计算资产负债表工作簿中的货币资金项目期末余额。

◎【操作步骤】

1. 打开素材中的"资产负债表.xlsx"工作簿和"科目余额表.xlsx"工作簿。（注意：两个工作簿应在同一个Microsoft Excel 程序中打开。可先打开一个工作簿，然后通过"打开"菜单打开另一个工作簿，目的是保证后面可以切换窗口。）

2. 选择"资产负债表"工作表。双击"货币资金"期末余额单元格，即B5单元格，输入"="。

3. 单击"视图"选项卡，单击"切换窗口"按钮，选择"1.科目余额表"，如图7-18所示。

图7-18 选择"1.科目余额表"

4. 在"科目余额表"中单击G2单元格，然后输入"+"，再单击G3单元格。在编辑栏中出现了刚才录入的公式，即"=[科目余额表.xlsx]Sheet1!$G$2+[科目余额表.xlsx]Sheet1!$G$3"，如图7-19所示。

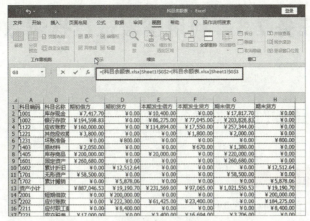

图7-19　G3单元格编辑栏显示公式

5. 按Enter键，表格自动切回"资产负债表"工作簿，可以看到货币资金期末余额已经自动计算好，如图7-20所示。

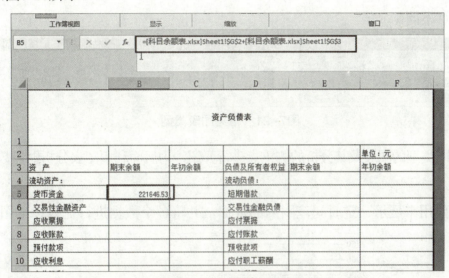

图7-20　计算结果

实训任务2　计算固定资产项目期初余额和无形资产项目期末余额

实训任务如下：

1. 请从素材中打开"引用不同工作表中的数据.xlsx"工作簿，利用工作簿中的科目余额表中的数据计算资产负债表中的固定资产项目期初余额。

2. 打开素材中的"资产负债表.xlsx"工作簿和"科目余额表.xlsx"工作簿，利用"科目余额表"工作簿中的数据计算"资产负债表"工作簿中的无形资产项目期末余额。

学习任务 7.3　利用图表进行报表数据分析

本任务的目标是通过制作图表，对财务数据进行分析。

案例 7.3.1　常用图表类型

查看Excel 2019中常用的图标类型。

◎【操作步骤】

打开一张工作表，单击"插入"菜单，在该菜单下可以看到"图表"组。常见的图表类型包括柱形图、折线图、饼图、条形图、面积图、散点图等，如图7-21所示。不同的图表类型分析的侧重点不同。

图7-21　常见图表类型

下面对不同类型的图表及其分析的侧重点进行介绍，为后面利用图表分析财务数据做准备。

1. 柱形图。

柱形图主要用来展示一定时间范围内的数据，并将各个数据进行比较，如图7-22所示。

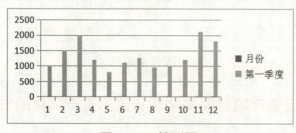

图7-22　柱形图

2. 折线图。

折线图主要用于展示和分析某段时间内数据的变化，强调数据的变化趋势，如图7-23所示。

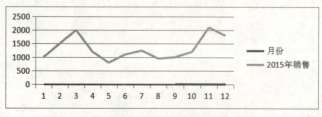

图7-23　折线图

3. 饼图。

饼图主要用于展示各个数据与整体的比例关系，如图7-24所示。

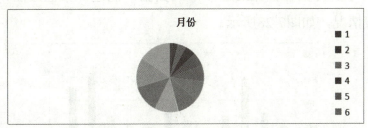

图7-24　饼图

4. 条形图。

条形图主要用来展示各个数据的变化与时间的变化关系，如图7-25所示。

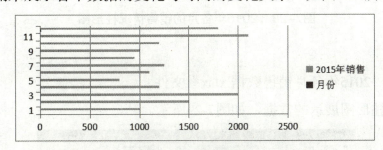

图7-25　条形图

5. 面积图。

面积图主要用图片面积的大小来展示和分析数据随时间的变化程度，如图7-26所示。

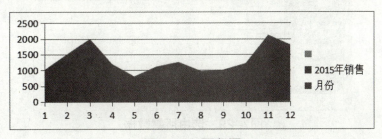

图7-26　面积图

6. 散点图。

散点图将数据的X轴与Y轴合并到一起，并不均匀分布，用于展示成对数据与对立数据的关系，如图7-27所示。

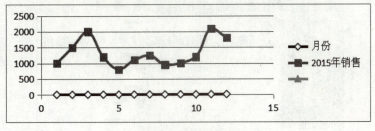

图7-27　散点图

案例 7.3.2 创建图表

利用素材"2015年各月销售数据.xlsx"中的数据,创建一张柱形图,利用簇状柱形图分析2015年各月的销售情况,如图7-28所示。

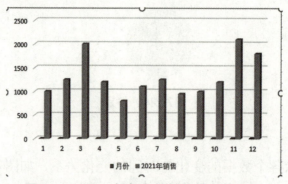

图7-28　2015年各月的销售情况柱形图

◎【操作步骤】

1. 打开素材的"2015年各月销售数据.xlsx"文件。
2. 选中需要用柱形图展示的数据,如图7-29所示。

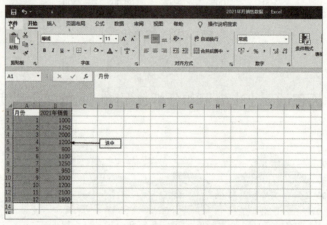

图7-29　选中所需数据

3. 单击"插入"选项卡,选择"图表"组中的"柱形图",单击"簇状柱形图",如图7-30所示。

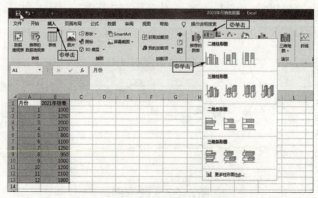

图7-30　选择"簇状柱形图"

4. 生成默认样式的簇状柱形图，如图7-31所示。

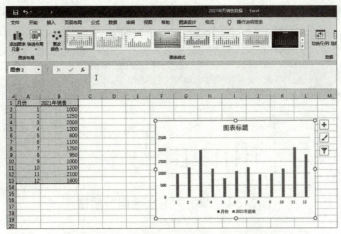

图7-31　生成默认样式的簇状柱形图

案例 7.3.3　更改图表数据源

通过更改案例7.3.2中所生成的图表的数据源，生成一张展示2021年第四季度销售情况簇状柱形图，如图7-32所示。

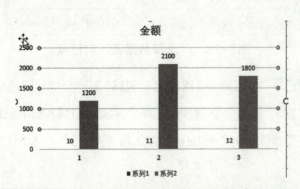

图7-32　2021年第四季度销售情况簇状柱形图

◎【操作步骤】

1. 选中案例7.3.2中所生成的图表，单击"图表设计"选项卡，如图7-33所示。

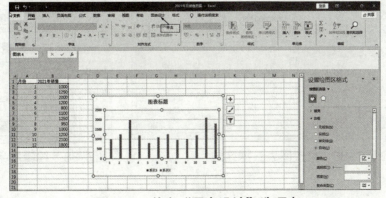

图7-33　单击"图表设计"选项卡

2. 单击"选择数据"按钮，如图7-34所示。出现"选择数据源"对话框，如图7-35所示。

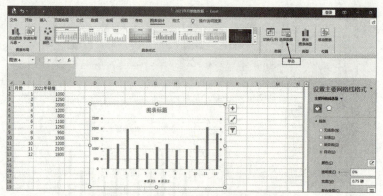

图7-34　单击"选择数据"按钮

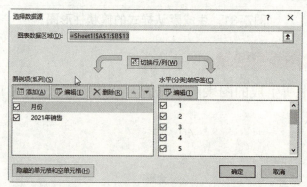

图7-35　"选择数据源"对话框

3. 将图表数据区域改为"=Sheet1!$A$11:$B$13"，如图7-36所示。将"图例项（系列）"下的系列名称编辑为"金额"，系列值为"=Sheet1!$A$11:$B$13"，如图7-37所示。将"水平（分类）轴标签"编辑为"=Sheet1!$A$11:$A$13"，如图7-38所示。最终更改后的图表为图7-39所示。

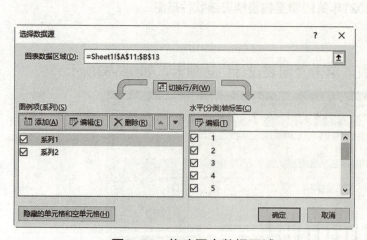

图7-36　修改图表数据区域

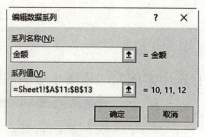

图7-37　编辑系列名称

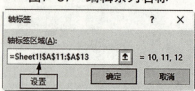

图7-38　编辑水平轴标签

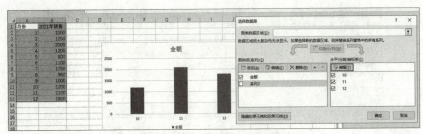

图7-39　最终编辑效果

案例7.3.4 设置图表标题

将案例7.3.3中所生成的图表标题设置为2021年第四季度销售情况，黑体、20号字，如图7-40所示。

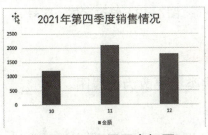

图7-40　设置图表标题

◎【操作步骤】

1. 单击图表标题位置，现在图表标题为默认的系列名称"金额"，如图7-41所示。

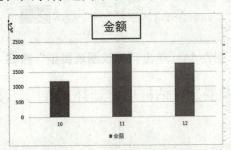

图7-41　单击图表标题

2. 将图标标题的文字改为"2021年第四季度销售情况"，如图7-42所示。

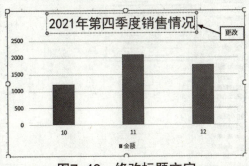

图7-42　修改标题文字

3. 单击"开始"选项卡，选中图表标题，将标题格式更改为字体为黑体、字号为20号。如图7-43所示。

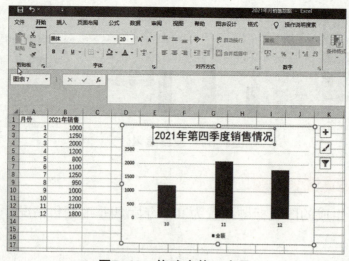

图7-43　修改字体、字号

案例 7.3.5 更改图表类型

将案例7.3.2中所生成的图表类型更改为折线图。

◎【操作步骤】

1. 选中案例7.3.2中所生成的图表，单击"图表设计"选项卡，单击"更改图表类型"按钮，如图7-44所示。

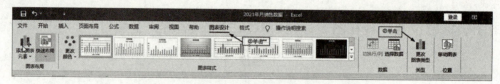

图7-44　单击"更改图表类型"按钮

2. 在出现的"更改图表类型"对话框中，选择折线图，单击"确定"按钮。如图7-45所示。

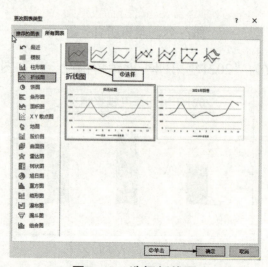

图7-45　选择折线图

3. 图表变更为折线图，如图7-46所示。

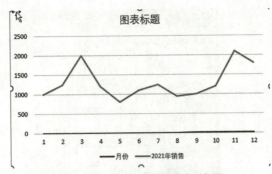

图7-46　图表变更为折线图

案例 7.3.6　设置图表布局

将案例7.3.5所生成的图表重新布局，样式为"布局2"。

◎【操作步骤】

1. 选中案例7.3.5所生成的图表，单击"图表设计"选项卡。

2. 在"图表布局"组中选择"布局2"，图表布局变化结果如图7-47所示。

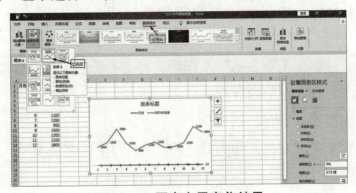

图7-47　图表布局变化结果

案例 7.3.7　调整图表大小

将案例7.3.6中所生成的图表大小调整为高10厘米、宽15厘米。

◎【操作步骤】

1. 选中案例7.3.6所生成的图表，在出现的"图表工具"中，单击"格式"选项卡，如图7-48所示。选择"大小"组右下角的　按钮，出现"大小和属性"对话框，如图7-49所示。

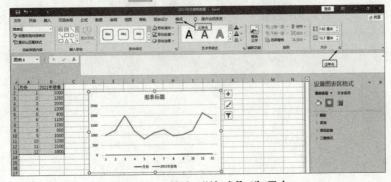

图7-48　单击"格式"选项卡

图7-49 "大小和属性"对话框

2. 在"大小和属性"对话框中,将高度改为10厘米,宽度改为15厘米,单击"关闭"按钮即可。

实训任务3 将1月份的工资制成二维簇状条形图

实训任务如下:

1. 请从素材中打开"职工工资.xlsx"工作簿,将1月份的工资制作成二维簇状条形图。
2. 更改数据源为1月和2月份的数据。
3. 更改图表类型为簇状柱形图。
4. 将图表标题设置在图上方,名称为"1月和2月职工工资情况",黑体,24号字。
5. 将图表布局设置为"布局10"。
6. 调整图表大小为高度10厘米,宽度13厘米。
7. 最终效果如图7-50所示。

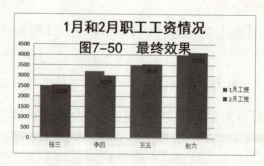

图7-50 最终效果

学习任务 7.4 利用数据透视表进行报表数据分析

本任务的目标是通过创建数据透视表，对财务报表进行统计汇总分析。

案例 7.4.1 自定义创建数据透视表

利用素材中的"应收账款明细.xlsx"文件，创建数据透视表，字段选择日期、客户名称、应收金额、已收金额和未收金额。

◎【操作步骤】

1. 打开素材中"应收账款明细.xlsx"文件，选择工作表中的数据，单击"插入"选项卡，单击"数据透视表"按钮，如图7-51所示。

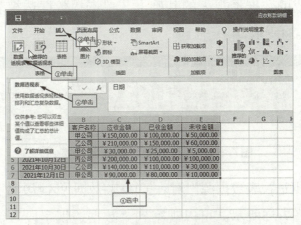

图7-51 单击"数据透视表"

2. 打开"创建数据透视表"对话框，选中"现有工作表"选项，设置数据透视表的位置，单击"确定"按钮，如图7-52所示。

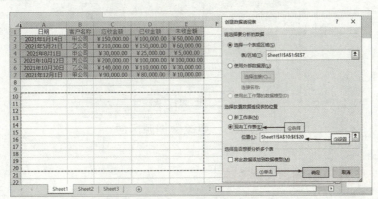

图7-52 设置数据透视表的位置

3. 在自动打开的"数据透视表字段"窗格中选择相应的复选项，系统会根据用户的选择在透视表结构中添加相应的字段数据，如图7-53所示。

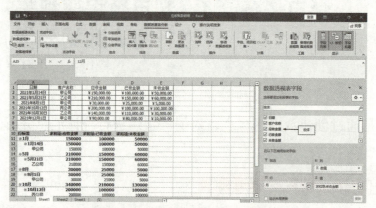

图7-53　系统自动添加字段数据

案例 7.4.2　更改数据透视表数据源

在案例7.4.1的基础上将数据透视表的数据源更改为前四列，即"Sheet1!$A$1:$D$7"。

◎【操作步骤】

1.在案例7.4.1所生成的数据透视表的基础上，单击"数据透视表分析"选项卡中的"更改数据源"按钮，如图7-54所示。

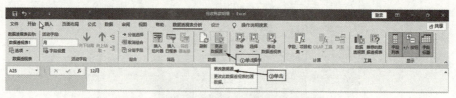

图7-54　单击"更改数据源"按钮

2.在打开的"更改数据透视表数据源"对话框中，将数据源区域更改为"Sheet1!$A$1:$D$7"，单击"确定"按钮，如图7-55所示。可以观察到"数据透视字段"窗格中只剩下四个字段，"未收金额"字段消失，这说明数据源已经发生变化。

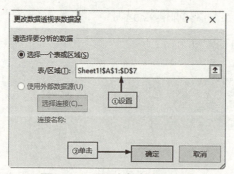

图7-55　更改数据源区域

案例 7.4.3　添加行标签和列标签

在案例7.4.1的基础上，先将"客户名称"字段添加到列标签，再将"客户名称"字段添加到行标签。

◎【操作步骤】

1. 在打开的"数据透视表字段"窗格中，右击"客户名称"字段，在出现的扩展菜单中单击"添加到列标签"，如图7-56所示。

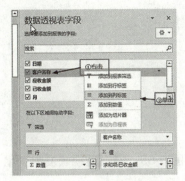

图7-56　单击"添加到列标签"

2. 可以看到"数据透视表字段"窗格下的"列标签"一格增加了"客户名称"，而数据透视表也发生了变化，如图7-57所示。

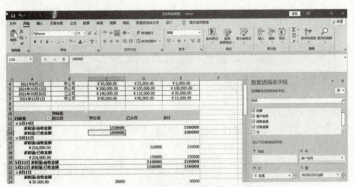

图7-57　数据透视表发生变化

3. 同理，在打开的"数据透视表字段"窗格中，右击"客户名称"字段，在出现的扩展菜单中单击"添加到行标签"，如图7-58所示。

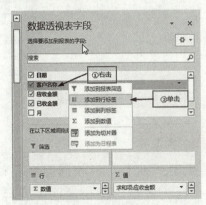

图7-58　单击"添加到行标签"

4. "数据透视表字段"窗格下的"行标签"一格增加了"客户名称"，而数据透视表也发生变化，如图7-59所示。

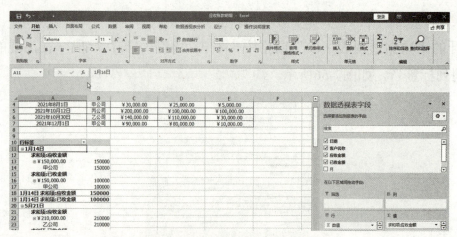

图7-59 数据透视表发生变化

案例 7.4.4 设置数据透视表样式

将案例7.4.3所形成的数据透视表套用样式。

◎【操作步骤】

1. 选中数据透视表的任意单元格，单击"设计"选项卡，如图7-60所示。

图7-60 选择"设计"选项卡

2. 选择"数据透视表样式"中的"中等深浅2"，数据透视表则变成如图7-61所示样式。

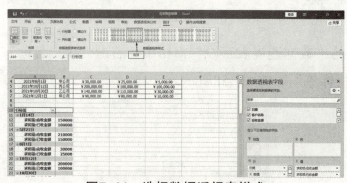

图7-61 选择数据透视表样式

案例 7.4.5 更改数据透视表布局

在案例7.4.4所形成的数据透视表基础上，将数据透视表布局更改为不显示分类汇总，总计仅对行使用，布局以表格形式显示，在每个项目后插入空行。

◎【操作步骤】

1. 选中数据透视表的任意单元格，单击"设计"选项卡。

2. 在"布局"组中，单击"分类汇总"按钮，选择"不显示分类汇总"，如图7-62所示。

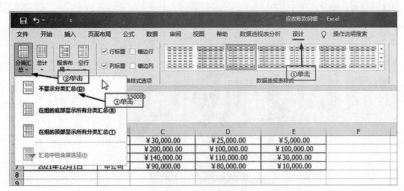

图7–62　选择“不显示分类汇总”

3. 查看数据透视表，每个分类汇总的金额消失，如图7-63所示。

	A	B
10	行标签	
11	⊟1月14日	
12	求和项:应收金额	
13	⊟¥150,000.00	
14	甲公司	150000
15	求和项:已收金额	
16	⊟¥150,000.00	
17	甲公司	100000
18	⊟5月21日	
19	求和项:应收金额	
20	⊟¥210,000.00	
21	乙公司	210000
22	求和项:已收金额	
23	⊟¥210,000.00	
24	乙公司	150000
25	⊟8月1日	
26	求和项:应收金额	
27	⊟¥30,000.00	
28	甲公司	30000
29	求和项:已收金额	
30	⊟¥30,000.00	
31	甲公司	25000

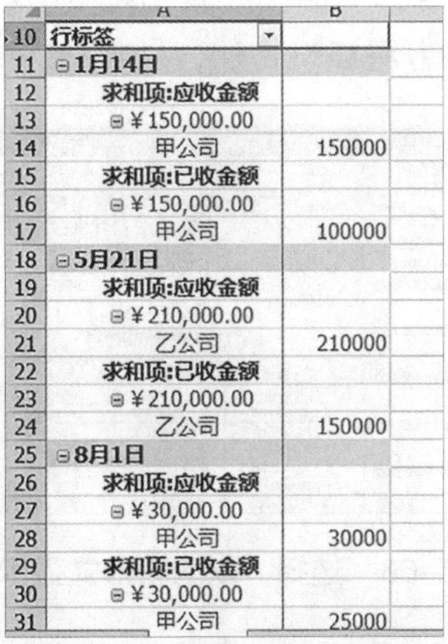

图7–63　分类汇总金额消失

4. 在“布局”组中，单击“总计”按钮，选择“仅对行启用”，如图7-64所示。

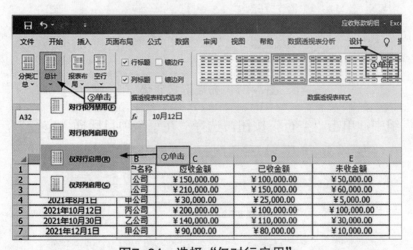

图7–64　选择“仅对行启用”

5. 查看数据透视表，每列的总计金额消失，如图7-65所示。

图7-65 每列的总计金额消失

6. 在"布局"组中,单击"报表布局"按钮,选择"以表格形式显示",如图7-66所示。

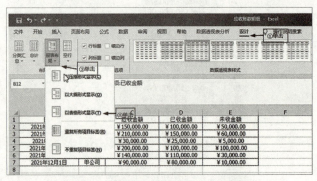

图7-66 选择"以表格形式显示"

7. 查看数据透视表,布局形式发生变化,如图7-67所示。

10	日期	值	应收金额	客户名称	
11	⊟1月14日	求和项:应收金额	⊟¥150,000.00	甲公司	150000
12		求和项:已收金额	¥150,000.00	甲公司	100000
13	⊟5月21日	求和项:应收金额	⊟¥210,000.00	乙公司	210000
14		求和项:已收金额	¥210,000.00	乙公司	150000
15	⊟8月1日	求和项:应收金额	⊟¥30,000.00	甲公司	30000
16		求和项:已收金额	¥30,000.00	甲公司	25000
17	⊟10月12日	求和项:应收金额	⊟¥200,000.00	丙公司	200000
18		求和项:已收金额	¥200,000.00	丙公司	100000
19	⊟10月30日	求和项:应收金额			140000
20		求和项:已收金额			110000
21	⊟12月1日	求和项:应收金额			90000
22		求和项:已收金额			80000

图7-67 布局形式变化

8. 在"布局"组中,单击"空行"按钮,选择"在每个项目后插入空行",如图7-68所示。

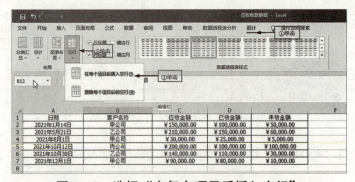

图7-68 选择"在每个项目后插入空行"

9. 查看数据透视表，在每一个项目后增加了一行空行，如图7-69所示。

图7-69 查看效果

案例 7.4.6 编辑数据透视表数据

利用素材中的"应收账款明细.xlsx"文件，重新创建数据透视表，字段为客户名称、应收金额、已收金额和未收金额。将"应收金额"字段汇总方式变更为"最大值"，将"已收金额"字段汇总方式更改为"计数"，将"未收金额"字段汇总方式更改为"平均值"。

◎【操作步骤】

1.打开素材中的"应收账款明细.xlsx"文件，选择工作表中的数据，新建数据透视表，设置数据透视表的位置为现有工作表，具体步骤同案例7.4.1，此处略。在自动打开的"数据透视表字段"窗格中选择客户名称、应收金额、已收金额和未收金额四个字段。

2. 在"数据透视表字段"窗格中单击右下角窗格中的"求和项：应收金额"右边的"扩展"按钮，选择"值字段设置"，如图7-70所示。

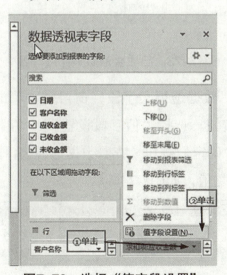

图7-70 选择"值字段设置"

3.在打开的"值字段设置"对话框中，选择"最大值"，单击"确定"按钮，如图7-71所示。

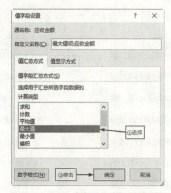

图7-71 选择"最大值"

4. 查看数据透视表，应收账款这列的数据变成了每个公司应收金额的最大值，如图7-72所示。

图7-72 应收账款数据变成最大值

5. 同理，在自动打开的"数据透视表字段"窗格中，单击右下角窗格中的"计数项：已收金额"右边的"扩展"按钮，选择"值字段设置"。在打开的"值字段设置"对话框中，选择"计数"，单击"确定"按钮。查看数据透视表，已收金额这列的数据变成了计数，如图7-73所示。

图7-73 已收金额数据变成计数

6. 同理，在自动打开的"数据透视表字段"窗格中，单击右下角窗格中的"求和项：未收金额"右边的"扩展"按钮，选择"值字段设置"。在打开的"值字段设置"对话框中，选择"平均值"，单击"确定"按钮。查看数据透视表，未收金额这列的数据变成了每个公司应收账款未收金额的平均值，如图7-74所示。

图7-74 未收金额变为平均值

案例7.4.7 对数据透视表进行分组

在案例7.4.6最终形成的数据透视表的基础上，将甲公司和乙公司分为一组，并命名为

"往来公司"。

◎【操作步骤】

1.选中数据透视表甲公司和乙公司两行数据,在出现的"数据透视表分析"选项卡下单击"分组"按钮,如图7-75所示。

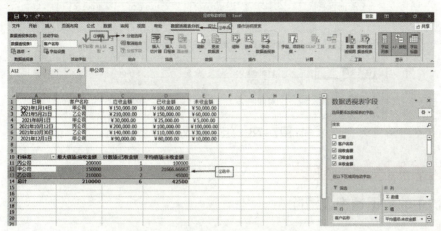

图7-75　单击"分组"按钮

2.查看数据透视表,变成如图7-76所示内容。

行标签	最大值项:应收金额	计数项:已收金额	平均值项:未收金额
⊟丙公司	200000	1	100000
丙公司	200000	1	100000
⊟数据组1	210000	5	31000
甲公司	150000	3	21666.66667
乙公司	210000	2	45000
总计	210000	6	42500

图7-76　查看数据透视表

3.单击"数据组1"单元格,在"编辑栏"将文字更改为"往来公司",即把组名更改,如图7-77和图7-78所示。

图7-77　编辑组名

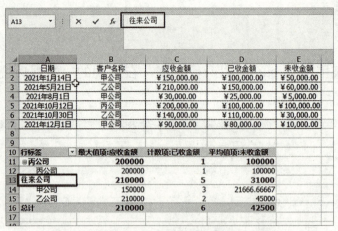

图7-78 组名更改成功

案例7.4.8 清除数据透视表

将案例7.4.7中的数据透视表清除。

◎【操作步骤】

1. 选中数据透视表任意单元格，在出现的"数据透视表分析"选项卡中单击"清除"按钮，选择"全部清除"，如图7-79所示。

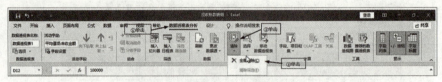

图7-79 选择"全部清除"

2. 查看数据透视表，数据透视表已经被清除，如图7-80所示。

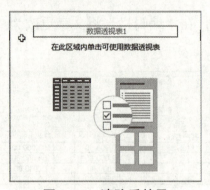

图7-80 清除后效果

实训任务4 建立数据透视表

完成以下实训任务：

1. 利用表中的数据在当前表中建立数据透视表，选择销售地区、商品名称、单价、数量和销售额为报表字段。

2. 将数据透视表布局中的汇总方式变更为"在组的底部显示所有分类汇总"，总计"仅对行使用"，布局以"大纲形式显示"，在每个项目后插入空行。

3. 数据透视表样式套用"浅色14"。

4. 将北京和天津的数据分为一组，组名为北方。

实训任务 5　数据分析

打开素材中的"数据分析.xlsx"文件，完成以下任务：

1. 制作折线图（图表样式在 B5 单元格的批注里）。

对"温度预报"工作表制作折线图，用"样式 3"设置图表，然后将图表标题更改为"一周温度预报（℃）"，宋体，加粗，15 号，黄底红字；横坐标改为"星期"，宋体，12 号，黄底红字；纵坐标改为"温度"，宋体，12 号，黄底红字，并设置为竖排显示，为图表添加网格线。

2. 制作饼图（图表样式在B7单元格的批注里）。

对"承包比例"工作表制作饼图，用"样式 3"设置图表，输入标题"海外承包比例"，并设置字体为宋体，加粗，18 号字；将"图例"设置为宋体，18 号；比例数据标签设置为 Arial Unicode MS，18 号。

3. 制作三维簇状柱形图（图表样式在 B9 单元格的批注里）。

对"图表 2"工作表制作三维簇状柱形图，在上方输入标题"2020 年销售实绩"，并设置为宋体，加粗，18 号，红色；将"图例"设置在图表右侧，字体为仿宋，16 号，绿色；图例"上海 D 产品"设置为橙色；图表区大小设为高度 10 厘米、宽度 20 厘米；"图表区"用"白色，背景 1，深色 15%"填充；"绘图区"用"水滴"作纹理；图标基底：橙色；垂直坐标轴、水平坐标轴字体设置为宋体，加粗，红色，14 号；垂直坐标轴标题设置为"销售数量"，仿宋，红色，加粗，14 号，竖排显示。

4. 制作数据透视表。

对"销售单月度表"工作表，在现有工作表中 E1 开始的单元格制作数据透视表，分别把"部门"和"订单号"字段拖动到"报表筛选"区域、"销售人员"字段拖动到行标签区域、"订单金额"字段拖动到"求和数值"区域，查看不同部门、不同订单号的销售情况。

5. 制作数据透视表。

对"数据透视表"工作表，在现有工作表中 E1 开始的单元格制作数据透视表，把"国家"字段拖动到"报表筛选"区域、"销售人员"字段拖动到行标签区域、"订单金额"字段拖动到"求和数值"区域，查看不同部门、不同订单号的销售情况。

6. 制作数据透视图。

在"5"的基础上，制作数据透视图，设置数据透视图大小为高度 10 厘米、宽度 18 厘米，图表区填充"橙色"，绘图区纹理设置为"羊皮纸"。

7. 利用数据透视表对数据进行分析。

对"费用发生额流水账"工作表创建数据透视表，按"科目划分"筛选，计算各"部门"

按"月"的费用发生额。

案例 7.4.9 综合案例 1

1.利用数据透视表将素材中的"销售明细表.xlsx"文件中的销售金额进行统计分析，统计字段包括销售地区、销售人员、品名、销售年份和销售季度。将数据透视表另建工作表显示。具体效果如图7-81所示。

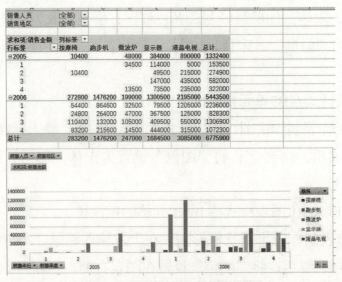

图7-81 销售明细表数据透视

2.利用生成的销售明细表的数据透视表筛选出杭州地区的销售情况。

◎【操作步骤】

1.打开素材中的"销售明细表.xlsx"文件，选择工作表中的数据，单击"插入"选项卡，单击"数据透视图和数据透视表"按钮，如图7-82所示。

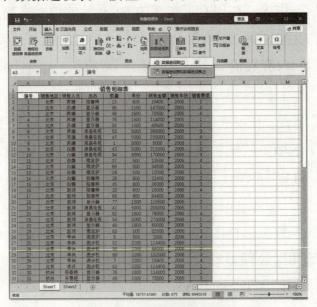

图7-82 插入数据透视表

2.打开"创建数据透视表"对话框,选择数据区域,选中"新工作表"选项,单击"确定"按钮,如图7-83所示。

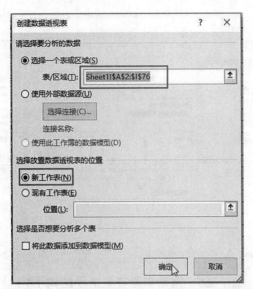

图7-83 设置数据区域和数据透视表位置

3.在自动打开的"数据透视表字段"窗格中选择"销售地区""销售人员""品名""销售金额""销售年份"和"销售季度"六个字段,系统会根据用户的选择在透视表结构中添加相应的字段数据,如图7-84所示。

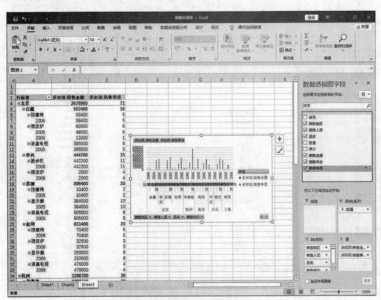

图7-84 添加透视字段

4.将"销售地区"和"销售人员"字段从"轴(类别)"窗格拖动至"筛选"窗格,数据透视表和数据透视图结构相应发生变化,如图7-85所示。

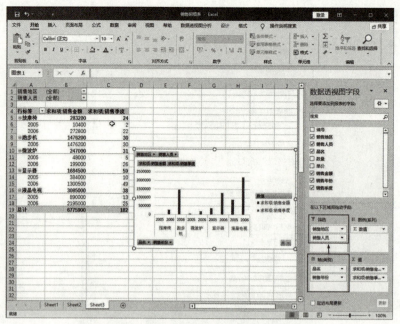

图7-85 拖动字段变更透视结构（1）

5.将"销售季度"字段从"值"窗格拖动至"轴（类别）"窗格，数据透视表和数据透视图结构相应发生变化，如图7-86所示。

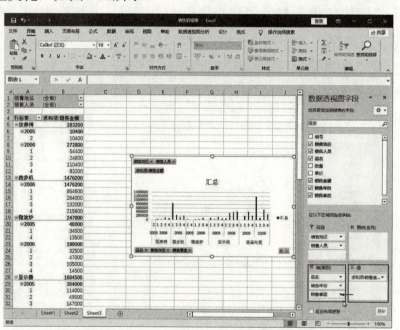

图7-86 拖动字段变更透视结构（2）

6.将"品名"字段从"轴（类别）"窗格拖动至"图例（系列）"窗格，数据透视表和数据透视图结构相应发生变化，如图7-87所示。

学习任务 7.4　利用数据透视表进行报表数据分析

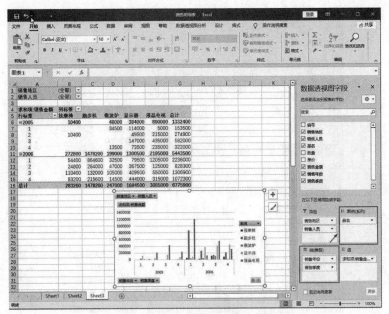

图7-87　拖动字段变更透视结构（3）

7. 单击"销售地区"单元格右侧的下拉按钮，选择"杭州"地区，如图7-88所示，数据透视表和透视图自动筛选出杭州地区的销售情况。结果如图7-89所示。

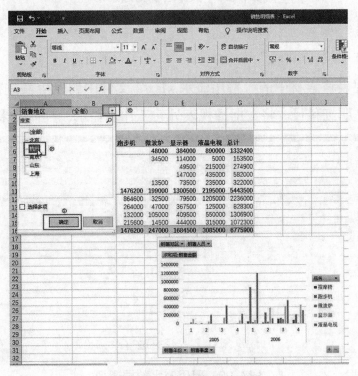

图7-88　筛选销售地区

项目 07 财务报表制作和数据分析

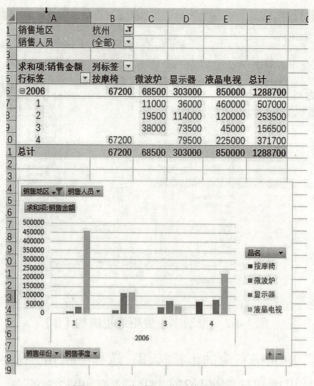

图7-89 数据透视筛选结果

案例 7.4.10 综合案例 2

1.利用数据透视表将素材中的"费用流水.xlsx"文件中的发生额进行统计分析，统计字段包括日期、部门、明细科目。将数据透视表另建工作表显示。具体效果如图7-90所示。

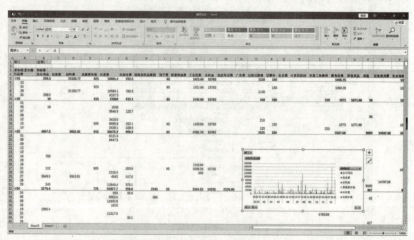

图7-90 费用流水数据透视

2.利用费用流水数据透视表筛选经理室的费用详情。

◎【操作步骤】

1.打开素材中"费用流水.xlsx"文件，选择工作表中的数据，单击"插入"选项卡，单击"数据透视图"→"数据透视图和数据透视表"，如图7-91所示。

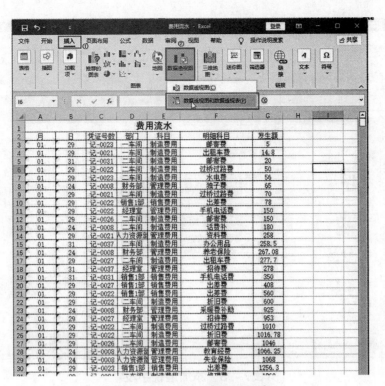

图7-91 插入数据透视表

2.打开"创建数据透视表"对话框,选择数据区域,选中"新工作表"选项,单击"确定"按钮,如图7-92所示。

图7-92 设置数据区域和数据透视表位置

3.在自动打开的"数据透视表字段"窗格中选择"月""日""部门""明细科目""发生额"五个字段,系统会根据用户的选择在透视表结构中添加相应的字段数据,如图7-93所示。

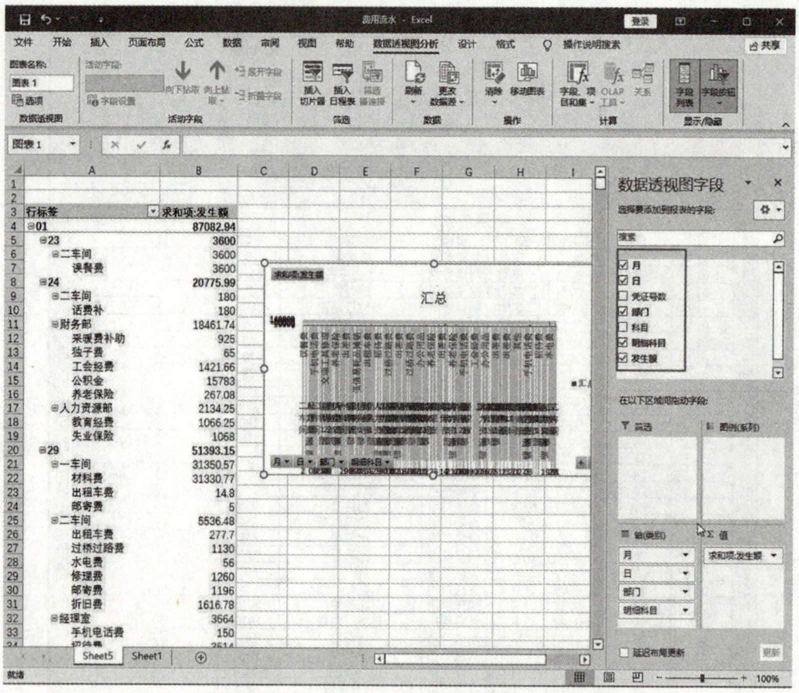

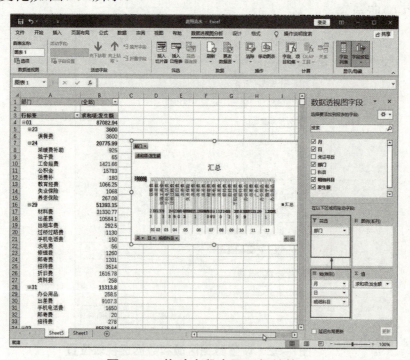

图7-93　添加透视字段

4.将"部门"字段从"轴（类别）"窗格拖动至"筛选"窗格，数据透视表和数据透视图结构相应发生变化,如图7-94所示。

图7-94　拖动字段变更透视结构

5.将"明细科目"字段从"轴（类别）"窗格拖动至"图例（系列）"窗格，数据透视表和数据透视图结构相应发生变化,如图7-95所示。

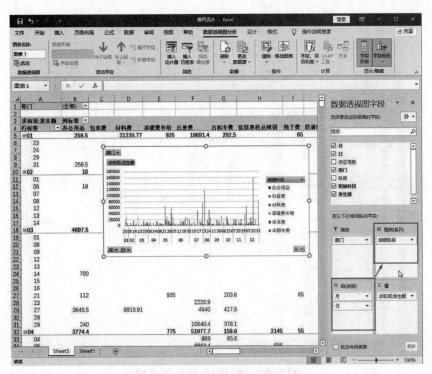

图7-95 拖动字段变更透视结构

6.单击"部门"单元格右侧的下拉按钮,选择"经理室",如图7-96所示,数据透视表和透视图自动筛选出经理室的费用详情。结果如图7-97所示。

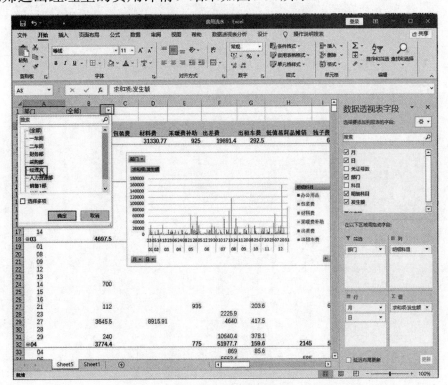

图7-96 筛选部门

项目 07　财务报表制作和数据分析

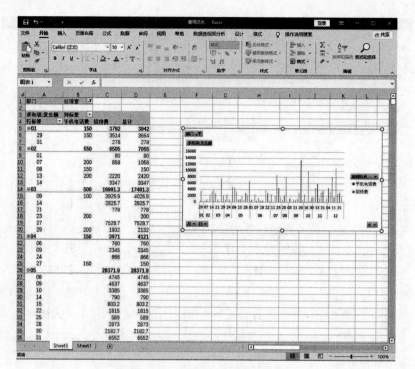

图7-97　数据透视筛选结果

参考文献

[1] 智云科技. Excel 财务应用 [M]. 北京：清华大学出版社, 2015.
[2] 恒盛杰资讯. Excel 会计与财务管理应用大全 [M]. 北京：机械工业出版社, 2013.
[3] 罗惠民, 钱勇. "偷懒"的技术打造财务 Excel 达人 [M]. 北京：机械工业出版社, 2015.
[4] 韩小良. Excel——会计应用范例精解 [M]. 北京：电子工业出版社, 2015.
[5] 庄君, 黄国芬. 等. Excel 在会计和财务管理中的应用 [M]. 北京：机械工业出版社 2013.
[6] 杨光霞, 等. Excel 财务与会计应用 [M]. 北京：清华大学出版社, 2013.
[7] 相世强, 李绍勇. Excel 2013 财务应用入门与提高 [M]. 北京：清华大学出版社, 2015.
[8] 神龙工作室. Excel 在会计与财务管理日常工作中的应用 [M]. 北京：人民邮电出版社, 2013.